管理

激发管理潜能的格局思维

赋能

LEADING FROM PURPOSE

Clarity and the Confidence to Act When It Matters Most

〔美〕尼克·克雷格（Nick Craig）◎著
信任◎译

天津出版传媒集团

天津科学技术出版社

著作权合同登记号：图字 02—2019—272

Leading from Purpose

图书在版编目（CIP）数据

管理赋能 /（美）尼克·克雷格著；信任译 . –– 天

津：天津科学技术出版社，2020.2

书名原文：Leading from Purpose

ISBN 978-7-5576-7239-3

Ⅰ . ①管… Ⅱ . ①尼… ②信… Ⅲ . ①管理学 - 研究

Ⅳ . ① C93

中国版本图书馆 CIP 数据核字 (2019) 第 272530 号

管理赋能

GUANLI FUNENG

责任编辑：方　艳

出　　　版：天津出版传媒集团

　　　　　　天津科学技术出版社

地　　　址：天津市西康路 35 号

邮政编码：300051

电　　　话：(022) 23332695

网　　　址：www.tjkjcbs.com.cn

发　　　行：新华书店经销

印　　　刷：天津中印联印务有限公司

开本 710×1000　1/16　印张 15　字数 190 000

2020 年 2 月第 1 版第 1 次印刷

定价：59.00 元

名家推荐

有些人说，需要一万小时的练习才能精通某项技巧。幸运的是，尼克·克雷格已经替我们做好最难的部分。在过去十年里，他帮助成千上万人发现了自己的信念，我则有幸近距离观察他的工作。在这本书中，他与我们分享了那些来之不易的经验教训，以便我们也能找到自己的信念。你要仔细倾听，因为尼克·克雷格是真正的信念大师。

——斯科特·斯努克（Scott A. Snook），

哈佛商学院工商管理高级讲师

在当今这个颠覆性的世界里，没有什么能比克雷格的工作更能让你接近领导力的核心了。与尼克的合作对我的职业道路产生了巨大影响，我无法想象没有了这些我要如何领导本和杰瑞公司[1]。

——乔斯坦·索尔海姆（Jostein Solheim），

本和杰瑞公司 CEO

当人们的行为与信念一致时，强大的力量就会产生。这本书告诉了我们其原因与方法。尼克·克雷格用他那睿智的洞察力以及纯熟的讲述天赋来教导、启发我们。信念领导，是实现信念行动的地图与启示。

——理查德·莱德（Richard Leider），

《信念的力量》（*The Power of Purpose*）作者

---

1. 译者注：Ben & Jerry's，美国著名冰激凌品牌。

感谢在过去的我身上投资的那些人，

他们看到了我看不到的东西！

比尔和海德·克雷格（我的父母！）

海登·波特

本·福德姆

鲍勃·谢弗和鲍勃·尼曼

托马斯·莱斯

鲍勃·奎因

比尔·乔治

斯科特·斯努克

目 录 CONTENTS

序

几年前，尼克·克雷格在一次会议上找到我说："我们应该谈谈。"

我刚刚主持了一个有 250 位首席执行官参加的 3 小时研讨会，此时我感到既疲倦又兴奋。我盯着他看了几秒钟，试图将他强硬的邀请转化为正常的相互介绍，然后开口回应道，"我是布芮尼，很高兴见到你。"他说，"这真是一个不可思议的下午。谢谢你。我知道你现在可能既疲倦又兴奋——我想和你谈谈你那神奇的能量，然后再谈谈疲倦的部分。"

随后的谈话很奇怪，也很吸引人。他和我谈了他的工作，然后提出帮我找到我的信念。我不知道那一刻发生了什么，但是我忍住泪水立刻答应了他。我很少这么轻易答应他人的。

几年后，经过多次的长时间交谈，我提出为这本书写前言，但有一个条件。我告诉尼克，我想把它写成一个类似外科医生的警告。我以为他会笑我，但他说："很好，你说的很有道理。"

我认为出版商应该在这本书的外皮贴上这样的标签：

警告：这是一本关于信念的书。如果你阅读并实践本书内容，那么它将改变你的生活、爱、养育和领导的方式。而且，你将无法遗忘或阻止你的信念，试图背离你的信念可能会引起焦虑、怨恨、困惑、自我怀疑，以及持续的"我到底在干些什么！"的自我否定感觉。一旦你找到了你的信念，你就无法离开它。

尼克的信念并不是魔法，是明确性、专注力和信心的礼物。面对信念，我打开了我的心和大脑；反过来，它重新规划了我的生活。对我来说，我的信念就是一个过滤器，过滤出哪些工作是我要去做的，更重要的是——哪些工作是我不要去做的。我是否能够将信念完美地应用在我的工作生活中？不能。我是否会选择恐惧、短缺，而不是信念？有时的确会是这样。但一旦我这么做了，事情就会分崩离析，有时也包括我自己。

我一辈子都想为更崇高的东西服务。对我来说，最重要的转变就是学习（和再学习）到这一点：于我而言，我最有价值的贡献都来自于我的信念。

最后，我要收回关于魔法的那句话。尼克的工作确实为我们提供了清晰的思路、专注的态度以及自信，还有一点点的魔法。

布芮尼·布朗（Brené Brown）

引　言

　　2007 年，我站在一家《财富》50 强公司的一群高层领导者面前。在为期两天的关于真实领导力[1] 的课程中，主办方特意要求我将"信念"（purpose）作为独立一课进行讲述。而那时，我对信念与领导力之间的联系是持怀疑态度的。毕竟，"信念"只是我几年前帮助比尔·乔治（Bill George）撰写的有关真实领导力的书籍里 12 章中的一章。

　　那时，我认为信念只是领导力中其他重点领域的一个可怜表亲，比如：帮助我们了解塑造我们成为领导者的残酷故事、澄清我们的价值观，或提醒我们利用自己未发挥的潜在优势。这些明显更重要，所以我会强调这些内容，并减少在信念上花费的时间。

　　因此，当这家公司要求我将"信念"作为独立一课来讲授时，我十分犹豫。但是他们非常坚持，而且预约金也很丰厚，于是我同意了。事实证明，他们是对的，我错了。

　　2007 年到 2009 年，我有几次面对这家公司高管们教授真实领导力的机会。这是这家公司历史上最具挑战性的一段时期，他们的股票价格从 56 美元降到了 6 美元。这无疑是最好的试金石，可以验证什么对于这些领导者来说有用，什么没有用。

---

1. 译者注：authentic leadership，也被译为"真诚领导力""真我领导力"。

过去人们认为，当大规模裁员或者公司经营方向改变等行为无法避免时，那些曾经领导公司渡过难关、做出艰难抉择的人理应得到特殊照顾。但是这一次，情况完全不同。高层管理团队面临着全方位的严峻挑战，可以肯定的是，没有人能够毫发无伤地离开。那么，想象一下当你的期权股票价格跌到谷底，给员工发薪都有问题，整个组织的未来也一团模糊时，你会怎么做？

一位领导人的回答使我目瞪口呆。他说："听着，我知道现在没有任何股票期权、奖金或晋升之类的承诺可以帮助我们。以往管理所依赖的所有外部动力都没有了。过去我们担心的经济混沌，现在就摆在眼前。我唯一能坚持的，就是作为这个项目领导者的信念。所以我告诉我的团队，这次我没有什么可以给你们的了，除了我所为之奋斗的目标以及我的信念，它们永远都是这个团队的漂流艇的安全向导，可以将你们安全送达彼岸。如果你想离开，我完全理解；如果你留下来，那么我们将一起经历有史以来最具挑战性的 12 个月，而且我对结果无法做出任何承诺。"

在那一年里，这位领导者和他的团队做了一切他们必须做的事情。他们做出了许多艰难的决定，在对未来的投资与痛苦的裁员中保持平衡，勉强维持公司运营。随着他们的努力，公司业绩表上开始出现积极的数字，但这名领导者最大的成功是——他依然拥有原来那支团队，而且团队成员们彼此更加信任、联通，这是他之前经历过的所有团队都无法做到的。

作为一名训练有素的愤世嫉俗者，我一直认为这种情况一千个里才有一个。在经历了一段只花费极少的时间在信念上的特殊时期之后，我发现这种情况十个里就有一个。

2009 年，保罗·波尔曼（Paul Polman）刚刚接任联合利华首席执行官一职，当时这家价值 400 亿美元的公司正处于和宝洁、雀巢的激烈竞争中。波尔曼对公司的收入增长提出了一个大胆的计划，这个计划同时也大幅缩减了未来

10 年里该公司的环境足迹——他的目标是创建一个从生产沙拉酱到洗衣粉无所不包的企业。

我们被要求负责一个包含 1200 名领导者的领导力转型计划。同样，"信念"这次也成了培训八大主题之一。然而，每一位领导者都必须找到一种方法来做以前从未尝试过的事情，在这样一个环境中，信念就成了实现不可能的关键因素。当每名领导者都经过了首席执行官及公司最高管理层的审查后，制定个人领导力发展计划这一平凡过程就发生了变化；那些用黑体字表示的，就是领导者的信念。

在 18 到 24 个月后，当他们回到这个项目时，他们的故事和信念的影响都再次让我感到惊讶。他们都确定了自己的目标，并以新的、不同的方式处理问题，这显然受到了他们自身信念的影响。有些领导者们被提升到他们以前从未得到过的职位；有些则决定留在现有职位上做好目前的工作，而不是像其他人那样盲目向上攀爬。他们和老板进行了真诚的交谈，讨论了他们需要做些什么来扭转局面。这一切之所以发生，仅仅是因为一套符合他们"信念"的词句。一位领导者对他的老板说："你知道，鉴于我的信念，我很清楚：如果事情真的没有挑战性，我就会感到无聊，而当我感到无聊的时候，我就无法实现我的信念。3 年来，这个地区的业绩增长一直是 15%，这真的很令人无聊。现在，我的目标是将业绩翻一番——这是一个挑战，但这就是我要做的。下面是我们要如何做到这一点。"说实话，他并没有做到业绩翻番，但他的确让业绩增长超过了 15%，他在企业中所做的改变以及他领导的方式，创造了一个与他之前的表现完全不同的轨迹。

这样的故事一个又一个出现，让我意识到信念与真实领导力中的其他部分很不一样。信念不是"十二要素之一"；信念为其他领导力要素（价值观、力量、自我意识等）创造了伟大的舞台。如果说领导力是舞台上的演员，那么信念就是百老汇剧场和伦敦环球剧院。

真实领导者的信念领导

自 2009 年以来，我们一直在世界范围内致力于信念和真实领导力（如何实现你的信念）的工作，从澳大利亚的零售商、俄克拉荷马州的石油和天然气工程师、波士顿的工程和科学组织，到瑞典的制药公司、美国西点军校以及其他更多的领导者和组织。每一次，我看着那些令人生畏的世界级高管，都会对自己说："这就是我搞砸的地方。"但每次的结果都令我很惊喜。

如果你读到这里时在想，"可是我不是领导者啊"，那你需要再想一想。如果你做出的决定在你生活的任一部分影响到了别人，那么你就是在领导。你可以在没有明确信念的情况下领导，也可以有信念地进行领导——你会这样做吗？

这本书是根据高级管理人员的实际情况写的，他们制造一切东西，从花生酱到石油以及天然气勘探所需的特种泵，无所不包。在这本书中，你会得到一种脚踏实地的、易于理解的信念使用指南，并发现信念对 21 世纪领导力产生的巨大影响，此外还有众多高管们如何实施信念领导的精彩故事。

消除贫困和不公正等伟大事业是表达信念的绝佳方式，但真正的领导者需要与他们的工作保持一致——从管理不守规矩的客户、面对垂死挣扎的竞争对手，到处理完全不符合战略规划的全球性事件，等等。听起来是不是很像你的世界？我们的生活包括与家人朋友互动、辛勤工作获得报酬、抚养孩子、被解雇、雇佣与我们毫无共同语言的人等，这个列表可以一直列下去。这些都是信念可以帮助我们的地方。大多数作为信念而被"出售"的东西会让我们觉得自己不如那些"拥有"的人，我们要么沐浴在阳光下，要么放弃尝试，这对我们所有人都是一种极大的伤害。没有什么比这更远离事实的了。

如果你已经有了信念但你不知道呢？这是好消息！它将会一直跟随你。

你可能会逃离你的信念，但是它就在那里，不离不弃，等待我们邀请它回来。我们只要慢慢来就能找到它。它是唯一一件永远不会拒绝你、评判你、抛弃你、背叛你的东西，哪怕我们在寻找自己身份的旅程中会对它做尽这些事。我的希望是，当你阅读这些故事和案例时，你可以从来自各行各业100多位领导者的深入访谈中，看到你在领导者旅程中一直没有看到的东西：你的信念。领导就是将可能性转化为现实，不管你是否知道，你已经在以一种独特的方式为他人服务，进而改变了你的现实和他人的现实。你可能会想："我的信念是什么？对此我毫无头绪，还谈什么信念领导？"好消息是，通过探索你已知的生活方式，你就能够"看到"你的信念。

在过去的十年里，我们与1万多名高级管理人员合作，帮助他们发现并实现自己的信念。对他们中的95%的人来说，这并不是为了辞职去拯救儿童组织工作，不是为了离开他们的配偶，更不是为了告诉老板闭嘴；而是要意识到我们的信念处于每一时刻，我们可以选择是否通过它来工作、领导。重点是我们要如何应对当前的挑战，而不是逃避我们拥有的角色、头衔或职位。

信念会让你感到好奇、勇敢、谦卑和鼓舞，当然也有脆弱、害怕、困惑以及更多……但是，有了信念，一切都是有意义的；没有它，有时生活会很美好，有时则不然。

我想你会喜欢本书中那些信念领导者的故事。他们大多不是名人或首席执行官，相反，他们来自世界各地的各个阶层、各个年龄。他们所有人都愿意花上几个小时接受我们的采访。那些在本书结尾出现的领导者们与我在一起的时间更多，他们提炼了我们的见解，更深入地挖掘了信念领导的意义与影响力。在采访前，我与很多被采访者已有5年或者10年没见过面了，所以每一次采访对我们双方来说都是一次探索之旅。

本书结构

通过观察他人的旅程方式，你会对自己的信念以及信念领导的意义有更清晰的感觉。更重要的是，你可以每天都更深入地生活在信念中，并引领他人与你一起前行。

本书的第一部分着重于什么是信念以及为什么说它是重要的。这一部分描述了我们发现信念的 3 种途径，帮助我们了解信念是如何"领导"我们的，同时分享了很多发现信念的故事。请注意，尽管我们会通过一组被称为"信念表达"的词句来表达我们的信念，但这些仅仅只是语言，我们的信念要比语言大得多。"信念表达"就像一把钥匙，可以打开一扇门，重要的是门后的东西，钥匙本身并没有价值。但因为我们要进入信念的房间，所以钥匙就显得很重要。我们发现了 3 种强大的方法，不仅可以发现钥匙，还可以让我们踏进信念的大门。

- 来自童年时代或成年早期的神奇时刻；

- 我们生命中最具挑战性的体验——熔炉故事；

- 在很长时间内激励着我们的激情活动。

本书的第二部分会指导你找到自己的信念。通过了解他人的信念表达，进行一些简单的练习，你也可以完全形成，至少接近完全形成，你自己的信念表达。你可能想在阅读第三部分（信念对那些真正领导者们的影响）之前获得你的信念表达，或者，你也可以先跳过这一部分，之后再补上。

最后，第三部分深入分析了信念领导带来的影响。如果你正在寻找这些方面内容，你可能还需要读一些其他书籍。拥有真正信念的世界比任何快速修复法都要更加直接、更有说服力、更令人满意。你会在很多方面受到考验，如果你的目标是活得轻松容易，那你应该略过信念这一课。

最后的结果值得你付出所有的努力。被信念照亮的生活是清晰明确、充满意义的。当事情进展顺利时，你不需要让信念出现；当你必须做出艰难抉择时，信念可以为你指明答案。最重要的是，当信念领导你时，其他人也会想跟随你，此时你就是在进行信念领导。

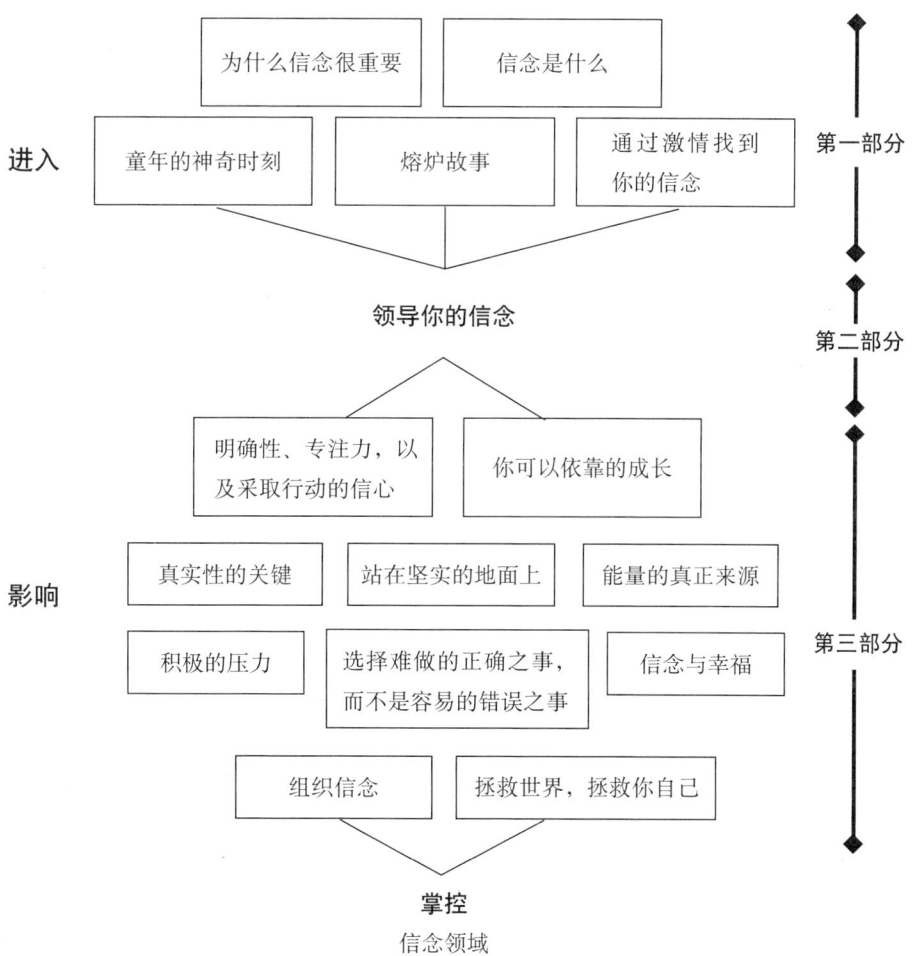

信念领导的自我评估

在开始信念领导力的旅程前，我建议你通过这个网址 www.coreleader.com/survey 进行一下信念领导的自我评估。希望你能在阅读完本书后再做一次，看看信念领导对你产生了哪些影响。

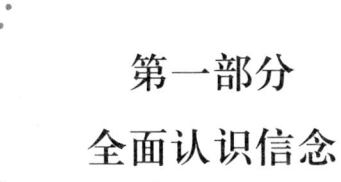

第一部分
全面认识信念

第一章　为什么信念如此重要？

在一个夜以继日、精益求精的世界中，做好自己意味着你要去打一场任何人都能打的最难的战斗；而且这战斗永不停歇。

——肯明斯（e. e. cummings）

你愿意被一个不清楚自己信念的人领导吗？如果那个人是你呢？

请注意，我说的不是目标。你大概可以在两秒钟内说出你的目标来。但是你清楚引领你前进的信念是什么吗？如果你已经获得一定成就，那么肯定有些什么在背后运作着。如果能彻底弄清楚引领你获得成功的是什么，这样不是很好吗？面对现实吧：如果你不知道它是什么，你就不可能全身心地投入；如果你不能全身心地投入，你就无法以它为基础进行领导。

所以，弄清楚你的信念是什么，是很值得的一件事。当你的信念明确时，你就有了一个独特的过滤器，它不仅可以让你更清楚地看待世界，还会带给你更多机会，让你引领生活的方式更具创造性和创新性。它会为你的重大活动和行动创造"意义"，随着时间的推移，它还会形成你对世界的影响。如果你研究一下历史上最具影响力的那些人——不管是埃莉诺·罗斯福，还是约翰·肯尼迪、纳尔逊·曼德拉，还是史蒂夫·乔布斯——你会注意到，与周围的人相比，他们对世界的看法全然不同，但他们最终可以让他人以自己的方式看待世界。

你的角色并不是你的全部

莎士比亚曾提醒过我们，如果生活缺乏信念会变得怎样。就像《皆大欢喜》（*As You Like It*）中说的那样，我们都是舞台上的演员。

世界是个大舞台，

男男女女都是舞台上的演员，

他们都有其上场和退场的时候，

一个人一生中扮演着多种角色，

他的表演有七个阶段。

今天，我们人生的七个阶段是从中小学到大学，然后到研究生，再到智慧的高层角色，然后退休，最后是不可避免的死亡。人生这场戏剧的现代版包含了航空里程积分、股票期权，以及死后依旧留在他人手机"优先联系人"中的可能性。无论我们身着什么年代的服装，莎士比亚都向我们展示了没有信念的人生旅程是什么样子。

很多人面临的挑战是：我们的身份、自我意识是建立在我们的角色、头衔、职业、房子或汽车之上的，但这些东西都是短暂的，而且本质上都是脆弱的。

在过去 10 年中的大部分时间里，我都和一些负责重大工作的人在一起。问题是，他们中很多人感到迷茫、痛苦，有一种错误的身份认同感。但这种痛苦他们无法言说，因为其他人都在祝贺他们的成功。他们喜欢的不是头衔或职位，而是他们所做的工作和他们产生的影响。我们希望看到自己对他人的影响，对他人的影响越多，我们从中感受到的意义就越多。但我们的职位越高，离受我们影响的那些人和事就越远。

因此，清楚我们工作的内在意义就变得更加重要。没有人能从你身上夺走你的信念——这才是你真正的身份。信念有着高度弹性与持久力量，这是其他事物无法达到的。除去你工作的身份，你到底是谁？信念可以帮助我们回答这个问题，信念是一口永远有水的深井。

我们的成长深受童年、文化和教育的影响；我们是什么样的人，很大程度上是周围环境影响的结果。我们经历的事物塑造了现在的我们。但是，我们必须反问自己：在我们经历过的人生旅程中，到底是什么在指引着我们前进？

本书中有很多故事，都是关于人们如何重新发现引导自己前进的信念，以及这一发现是如何影响他们的。这里有一个很好的例子：这个人，打破了自己角色的既定脚本。

乔斯坦·索尔海姆——本和杰瑞公司首席执行官，曾被认为是联合利华（本和杰瑞公司拥有者）最有潜力的领导者。他在冰激凌行业长大，是一名"修复者"。这意思是说，哪里需要改变，他就会去哪里。凭借这一点，他迅速进入了公司管理层。当他到达本和杰瑞公司最高职位时，他已经在30多个国家工作过，搬家次数已经无法记清。"找到它，修好它，继续前进"是他的一贯做法。在本和杰瑞公司工作18个月后，他成功地将以个位数下滑的生意，转变为以两位数增长。每个人都喜欢的冰激凌品牌又焕发了第二春。

现在，他是冰激凌部门的高级副总裁，负责监督多个国家的运营——他整个职业生涯都在为此做准备，并最终能够上升到联合利华这家价值数十亿美元的消费品公司的最高级别管理层。他能够获得巨额加薪、股票期权和全球头衔，这是一个可以反过来定义成功的职位。

只有一件事阻挡了他的前进：他的信念。时机是生活中最重要的一件事，就在他马上要飞黄腾达之际，他明确了自己的信念：

乔斯坦——帮助那些从事真正重要事情的人们，让他们在矛盾与不确定中茁壮成长

记住，对信念的描述只是一堆词语的组合。但是这些词语就像一把钥匙，打开了通向我们每个人信念的大门。对乔斯坦来说，他的信念将他置于一个两难境地。晋升将让他远离他"真正重要的工作"。在过去的工作中，他拯救他人的工作，让那些不自信的团队完成挑战，努力教导那些后进下属。毫无尽头的烂摊子是他的最爱。无论是在暴风雨中航行，还是挽救他人认为已经完蛋的业务，乔斯坦都是最佳人选。现在，他已经明确自己的信念，但是这却并不符合现有计划。

信念既不等待也不关心所谓的计划，它只会在我们耳边低语：跟我来。领导并不是要去每个人都去的地方，而是要创造一些以前并不存在的东西。

乔斯坦习惯制定五年战略计划，这只是他为第二年预算提供资金的一种手段。但现在，他的信念需要得更多：花费更长时间在真正重要的事情上。本和杰瑞公司有一个与其他公司不同的社会议程。气候变化、公平贸易和非转基因制造这些议题工作都需要有人来领导。如果他留下，那这些都可以立刻展开；如果他离开，那这一切都将被搁置，直到新任首席执行官花费 12 个月来追上进度。是时候做一下真正重要的事了。

我们中的很多人都曾身处过乔斯坦的位置：你是要听从你的心，还是要听从你的大脑？就像我的同事比尔·乔治说过的那样："我们经历过的最长的距离，就是心与大脑的距离。"

乔斯坦听从了自己的信念，他做了一件出人意料的事情。他拒绝了六位数的年薪、股票期权以及晋升带来的一切好处，决定留在本和杰瑞公司。他不仅决定留下来，而且还买了一栋房子。要知道这是他有生以来第一次买房子，在那之前他每两年就要搬一次家。这一次，他是真的要扎下根来。

乔斯坦说，身处领导位置创建五年计划，与先计划自己现在所用所需，剩下的看情况随后安排，是完全不同的。乔斯坦并没有将本和杰瑞公司的成功都归于自身，他说自己只是他人神奇工作的推动者。但是，如果不是他七年的稳定支持，我们可能看不到本和杰瑞公司的诸多成绩，例如：

- 在整体行业下滑的情况下，达成每年两位数的增长；
- 100% 公平贸易采购；
- 100% 非转基因制造。

本和杰瑞公司还支持气候正义倡导，包括支持碳定价，游说政治领导人支持联合国气候变化倡议。乔斯坦甚至在联合国气候变化巴黎大会上被戈尔（Al Gore）拥抱。

乔斯坦本可以晋升到联合利华公司总部的最高层，并继续获得成功。他也可以搬到欧洲，另寻机会。人生选择没有对错，信念最有价值的地方就在于，它能给我们清晰的视野，让我们的选择更加明智。从信念出发的好处是我们知道自己要做什么；从信念出发的挑战是其他人可能对我们的选择并不满意。对乔斯坦来说，两三年后他的成功会证明他留下的决定是明智的。但在他做出选择的这一刻，他的老板、妻子、孩子们都不认为他的选择是正确的。当你身处无数的不眠之夜，面对难以抉择的巨大挑战时，你知道自己正身处信念的世界之中，而且你知道自己必须这样做。

当面对一生中最艰难的抉择时，我们是要听从他人的建议，还是要听从自己内心的声音。大多数人面临的挑战是：我们并没有一个清晰的、我们自己可以信任的内心声音。因为我们的大脑中有太多的声音，而且它们很少能和谐相处。如果你不知道它是什么，你就不可能全身心地投入；如果你不能全身心地投入，你就无法以它为基础进行领导。

信念的重要性

信念并不是什么新概念。在公元 2 世纪，罗马皇帝马尔克·奥列里乌斯就撰写了《沉思录》（*Meditations*）。在书中他对生活、领导力以及如何处理官僚主义与虚伪的思考是超越时间的，他对信念的思考也是如此："一切事物的出现都有其信念，是为了达到它的信念而产生的。"虽然这是个非常古老的理念，但我们的父母从没谈过他们的信念。他们会谈论自己的欲望、梦想、抱负和成就，但很少谈论信念。那么，我们为什么要比我们的父母以及马尔克·奥列里乌斯时代以来的所有人更重视信念呢？

原因之一是，有非常多的现代研究和信息证明了信念的力量。在过去 5 年时间里，商业界对信念产生了极大兴趣。哈佛商学院的战略主管辛西娅·蒙哥马利（Cynthia Montgomery）指出，领导者最重要的角色是其组织信念的管理者和代表。积极心理学之父马丁·塞利格曼（Martin Seligman）将信念描述为通向繁荣的道路。丹尼尔·平克（Daniel Pink）在他的《驱动力》（*Drive*）一书中总结了 50 年来关于工作场所激励因素的研究，其中"信念"被认为是在 21 世纪获得卓越业绩的三大关键之一（另外两个是自主权与机会掌控）。埃米尼亚·伊贝拉（Herminia Ibarra）对女性领袖的研究表明，当世界试图把你变成男性时，明确的信念对坚守自己的身份至关重要。

对组织来说，信念同样重要。《哈佛商业评论》（*Harvard Business Review*）和"能源项目"（Energy Project）合作收集了来自 25 个行业 2 万名员工的数据，内容包括他们在工作中的感受以及他们的工作表现。事实证明，信念的存在与否是影响组织发展最大的单一因素。

更重要的是，信念驱动型领导者对其员工的影响十分巨大。那些员工认为信念明确的领导者，可以通过对信念的沟通激励员工们。

那些能够从工作中获取意义的员工：

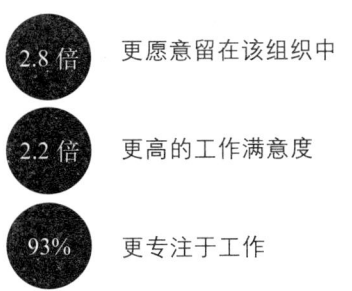

2.8倍　更愿意留在该组织中

2.2倍　更高的工作满意度

93%　更专注于工作

然而，同一份报告指出，只有不到20%的领导者能够传达其信念或工作指示的意义。

德锐大学（DeVry University）职业咨询委员会研究调查了千禧一代[1]对就业问题的态度。他们发现，70%的千禧一代将"寻找有意义的工作"列为评价职业成功的三大首要因素之一，30%的千禧一代则认为这是唯一的重要因素。最重要的是，千禧一代愿意牺牲传统工作中的舒适条件——更短的工作时间、更高的薪酬——来追求更有意义的工作。

现在，几乎每个月都有新的研究出现，显示清晰的信念带来的大量益处。这些研究中的大部分都使用了赖夫心理幸福感量表（Ryff scales of Psychological Well-Being），一种经过验证的衡量一个人生活信念的方法。使用此量表对数千名研究对象进行3到10年的跟踪考察，结果是肯定的：很显然，没什么能比清晰的信念让你活得更长久、更健康了。

1.译者注：千禧一代，Millennials，指20世纪80年代初期到2000年出生，在跨入21世纪以后成年的一代人。

这些研究全都强调了拥有强烈信念感会带来大量好处。

那些员工认为信念明确的领导者，可以通过对信念的沟通激励员工们：

70%　工作满意度提高

56%　工作专注度提高

100%　更愿意留在组织中

尽管这些数据很有说服力，但还有很多其他激励我们的事情，比如吃的健康、勤加锻炼、充足睡眠，还有很多我们有时间就会去做的其他事情——直到我们意识到来自信念的真正驱动力更加紧急、重要。你脚下的大地不断迁移、你身边的规则不断变动，在这样一个世界中，你要如何进行领导？这就是我们中大部分人每天醒来时面对的情景。哪个行业或组织未来 5 年的变化会比过去 50 年的要少？从出租车到酒店，再到石油和天然气、银行、零售、出版，所有行业都挣扎在动荡中。

关于现代社会中，"信念"的紧迫性可以追溯到 20 世纪 90 年代。1991 年苏联解体这一事件，对美国军队产生了巨大影响。我们一直准备与之战斗的敌人消失了，那么我们还要和谁战斗，怎样战斗？为了明确这一时代新背景，美国军方创造了 VUCA 概念——不稳定（volatile）、不确定（uncertain）、复杂 / 混乱（complex/chaotic）和模糊（ambiguous）——并用它来应对新时代领导人要面对的挑战。

旧世界领导力背景	新世界 VUCA 下的领导力背景
理性的、合理的	不稳定的：变化会迅速发生，而且规模庞大
可预测的	不确定的：未来无法精准预测
简单的	复杂 / 混乱：几乎没有单一原因及解决方案 解决方案是从系统内部产生的，而不是外部强加的。变化是持续的，几乎没有可预测的迹象
有条理的	模糊的：对事件的意义及影响几乎不清楚

"信息"是不完整的，或者说是无法解读的。

新的、不平衡的人口特征正在加剧这种变化：根据联合国人口基金的数据，人类历史上第一次有四分之一的人口年龄处于 12 至 24 岁这个阶段。印度一国 15 至 34 岁年龄段的人口数，几乎与美国、加拿大和英国的总人口数相同。其结果和影响令人难以想象：我们认为理所当然的许多制度和社会承诺将需要完全不同的解决方案，否则就会面临崩溃。

在 VUCA 之前的时代，解决方案先要决定愿景和策略，然后协调所有的资源来执行"计划"。我们有两到五年的执行时间，当外部事件迫使我们改变策略时，所有人都怨声载道。今天，任何持续时间超过一个年度预算周期的战略计划都会备受瞩目。我们都明白为什么战略计划会不断调整，甚至重新制定。但是，我们都需要一定程度的稳定性以及相应的指导，告诉我们如何在持续的一段时间内建设真正重要的东西。

你领导的出发点是什么，你要用什么样的战术战略，这些战术在你的智能手机上又有怎样体现？在一个没有路标的未知之地，人们和组织都需要指南针来指引自己。信念已经成为 VUCA 时代的指南针。它定义了领导者和组织开展工作的"原因"及其独特"方式"。信念的优点是，它不会改变——正好与战略相反。如今，战略总是在调整、改变甚至颠覆。

信念一直都很重要。这些关于信念价值的数据是令人信服的，这些价值不仅体现在我们的工作中，也体现在我们的生活中。在今天的 VUCA 世界里，没有信念就很难生存下去。千禧一代比前辈们更重视信念是有其原因的。让我们再次回到这个问题：你愿意被一个不清楚自己信念的人领导吗？

在我们开始探索信念的旅程之前，我想先表明一下，信念的力量到底有多大。在我们项目的访谈环节，我们都会问一个很重要的问题："当你身处压力非常大的环境时，你的信念会怎样发生变化？"猜猜乔斯坦·索尔海姆怎么回答的：当一切都崩塌时，保持冷静与专注，就可以在矛盾与模糊中茁壮成长。

乔斯坦热爱航海；他就住在尚普兰湖旁，离佛蒙特州的伯明顿很近。冬天，湖面会结厚厚的冰，你可以在上面开车；然而，在五月的湖水中航行，无论航程多短都是一种冒险行为[1]。而乔斯坦的儿子——贾霍夫（Jachov），就在此时驾驶一艘小帆船出航，并撞上了一根木头，失去了船舵。贾霍夫跳入湖中，试图游回岸边，但风将他越吹越远。乔斯坦通过望远镜看到了这艘帆船——没有帆，也没有贾霍夫。但是这个季节，湖面上没有其他船只，乔斯坦只得拨打 911 报警，海岸警卫队花了 30 分钟才找到贾霍夫，那时他紧紧抱着一个浮标，已经处于体温过低的状态。乔斯坦的妻子和朋友们都吓坏了，但是乔斯坦非常冷静，头脑清醒。他和海岸警卫队合作，救回了他的儿子，找回了那艘船，并向他的朋友们道别。然后，他才感到浑身战栗。

信念的美妙之处在于：它真正拥有我们。我们不是寻找到自己的信念，而是重新与它连接，并有意识地通过它进行领导。不管乔斯坦是在开会，还是在水里救助自己的孩子，他都是出于自己的信念，并在矛盾与模糊中茁壮

---

1. 译者注：佛蒙特州冬长夏短。

成长。你将一个人放在稳定的环境中，他就会变得分心，缺乏效率。你把他放入 VUCA 的世界中，他就会成为你想要的人。

现在，让我们深入探讨一下，"信念"到底是什么。

思考

1. 信念这个主题中哪些部分吸引了你？

2. 你怎样确保自己不会一生碌碌无为？

3. 你如何从自己内心开始领导？

4. 你有没有做出过像乔斯坦这样的决定（违背其他所有人的意愿，却最终证明是最佳选择）？

5. 如果你知道自己未来五年肯定能保持在现有职位上，你会从根本上改变你部门（或组织）的战略计划吗？

6. 你在自己组织中经历过的 VUCA 情况有哪些？你是如何在其中获得稳定的？

第二章　如何定义信念？

每个人都是天才。但如果你用爬树能力来评判一条鱼，那么它一辈子都会觉得自己是愚蠢的。

这段话被普遍认为是爱因斯坦说的。它显示了以自己信念为基础领导的重要性。如果我们不知道自己的信念，就不会知道自己到底是条鱼还是只山猫。所以当别人让我们去爬树，我们就会去做。在我们的职业生涯中，会有很多人对我们进行评估、指导，并对我们进行绩效审查，这一切都基于他们相信我们能够不断接近他们定义的"完美"。如果爬不上树，我们就会觉得很丢脸，甚至会觉得自己很愚蠢。

在我明确知道自己的信念之前，我花费了大量时间去成为其他人认为的"更好的我"。我可以随时去参加会议，分享内容并希望能帮助到他人。随后我意识到，我并没有真正领导我的团队，我只是在润色他们的工作。明确自己的信念，大大释放了我的工作潜力。我意识到我应该将注意力集中在"在组织中，有什么是只有我能做到的？"并且优先完成这些事情。而不是去为他人的工作锦上添花。这意味着我不得不去做我不想做的事情，但这也使我成为一个更加称职的领导者。当危机来临时，我常常看到自己和其他人在做我们认为其他人希望我们做的事，这种情况太常见了。信念让我明白，公司并不是发我薪水让我干这些的。我的信念让我专注于其他人无法做到的那些事情上。

——彼得（Peter S.），SVP 市场部

你也可以说，彼得已经停止爬树，开始游泳了。

信念：你带给世界的独特礼物

过去十多年里，我与数千名领导者一起工作，并最终在所有的表述、经历、观察、确认之下，找到了一条重要的线索，这条线索可以告诉我们：什么是信念的核心本质，什么不是。

当你还是个孩子的时候，信念就已经存在；当你 102 岁时，信念依旧在那里。它是"你"的本质，是你以何种方式与客观世界互动的本质。它一直存在，引领你的一生，只是你不知道而已。你只有一个信念，但它在你生活的不同领域有着诸多不同的表达方式。

以前，我对"信念"这个词有着严重困惑。在过去的 15 年里，出现了很多关于信念的书籍文章。大多数作者似乎都认为，所有人都了解它的意思。但不幸的是，这些书籍文章中大部分对信念的定义以及类似"简易五步法"的练习，只会让读者感觉越来越糟，而不是越来越好，更无法让读者对自己的信念产生更深的了解。

这样想吧。假设我们用一个拥有和你同等技巧和专业能力的人来替代你工作和生活中的角色。3 个月后，我们对所有曾与你共事和生活过的人进行访谈，我们会问到："你最想念他的是什么？"从他们的答案中，就能看出你的信念：你桌子上那些随着你消失而消失的东西。不幸的是，终其一生我

们都在努力成为别人希望我们成为的样子，所以我们永远不知道有一件事能彻底改变我们，那就是引领我们一生的信念。

每当我们谈到信念时，"**独特礼物**"（unique gift）这个词都非常重要。信念就是一个独特的镜头，通过它我们可以看到整个世界。通过自己的镜头，我们每个人都能看到其他人看不到或做不到的事情。这种差异就是我们每个人都渴望的创新力与影响力的来源。因为我们无法通过复制他人进行创新。我们都知道领导者和创新者，他们的信念使他们看到了其他人看不到的那些东西。施乐（Xerox）的帕洛阿图市研究中心实验室（PARC lab）开发了鼠标的原型，这是一种易于使用的计算机互动工具，这是一项可以推进计算机技术革命的关键技术，在史蒂夫·乔布斯（Steve Jobs）1979年造访施乐之前就已完成。但是，施乐实验室的人员无法看到乔布斯（他渴望用技术改变世界）看到的东西。对于我们中的大多数人来说，情况比故事本身还要微妙——这就是我们如何讲述故事，如何给失败员工提供反馈，如何写博客、关闭工厂，或者面对一千名员工进行演讲的方式。

因为信念的影响，你看到了哪些他人看不到的东西？你知道这个信念是什么吗？

让我们揭晓答案："信念就是**你带给世界的独特礼物。**"

没有人能在真空中实现自己的信念。只有我们在身处环境中表达出来，信念才会显现——就像一部电影在上映之前，并不是一部真正的电影一样。我不相信"让世界变得更美好"或"为他人服务"是活着的信念。我知道的是，正是我们和他人之间信念的碰撞、交流，让我们得以见证和体验信念对我们的引领。当信念在生活中引领我们时，它真正的好处就会显现出来。

对信念的层层分析

关于信念的定义有很多，其中很多都是关于"如何从信念出发去领导"的极佳表达。

有一条我听过的是："你爱它；你十分擅长它；你丰厚的薪水来自于它；世界需要它。"但我发现，当所有这些条件都不成立时，我们的信念也同样有迹可循。如果我们必须等到万事俱备后才能跟随信念的引领，那么大多数人要等很长时间。那些我们深深敬佩的、对世界产生深远影响的人，并没有一帆风顺的经历，公众的赞扬也不是他们行事的动机。事实上，与我共事过的许多领导者按照这几点核查自身后，依然无法找到自己的信念。但是，找到自己的信念对他们今后的领导方式产生了重大的影响，我们将在本书中了解很多他们的故事。

当没有人支持他们时，那些信念领导者无论如何也会坚持下去。如果你的信念领导的真正标准是"你不得不去做它；你不擅长它（与世界要求你做的其他事情相比）；没人付钱让你去做它；而且你怀疑自己是不是疯了"，那该怎么办呢？

"让我们自身更伟大、更持久的事业"通常与信念有关。伟大事业是一种强有力的战略，通过它我们可以表达自己的信念。幸运的话，你会对生命中的事业、职业生涯和冒险充满激情。不幸的是，很多与我共事过的、致力于某一事业的领导者也承认，他们在身体上和情感上都感到精疲力竭。我最近和一位首席可持续发展官一起工作，她就感到自己已经筋疲力尽。她的"事业"是让一个非常大的全球公司保持可持续发展。当可持续发展官自己无法做到可持续时，这又有什么意义呢？可持续性不是应该从她自己开始吗？只有弄清自己如何进行信念领导，才能为她打开一条有意义的前进之路。所以说，"事业"是件很棒的事情，它就像一辆漂亮的汽车，通过它，很多人可以实现自己的信念，但这不是你的信念。

雄心抱负——另一种很常见的方式——产生的信念可能并不基于"我们是谁"，而是基于"我们想成为什么样的人"。当你经历挫折困苦时，"成为能成为的最闪亮的那颗星"这种想法无疑是很棒的；但如果你因为这种想法而逃离你真正的信念，这无疑是愚蠢的。如果你的信念是"成为释放真理的永不停息的探索者"，那么你有可能对世界产生巨大影响。你拥有这份天赋／礼物，问题是，你完全拥有它吗？

你的信念不仅仅是你价值观的总和。从使徒保罗到特蕾莎修女，天主教信仰中有 800 多名圣徒。大多数圣徒都有相同的价值观，但他们在价值观和信仰的表达上却有着美丽的不同。他们每个人都有自己的信念，这种信念决定了他们如何将自己的独特礼物带给这个世界。玛丽·詹蒂尔（Mary Gentile）在她的开创性著作《价值之声》（*Give Option To Value*）中说，全球有 5 种共通的价值观：

- 诚实；
- 尊重；
- 责任；
- 公平；
- 同情。

这个列表很容易理解。困难的是，如何在我们未曾经历的艰难与挑战的环境下做到这几点。詹蒂尔与她世界各地的学生们合作，实践他们各自的价值观，并使用有力的、困难的案例来模仿现实世界。最终得出结论：没有什么所谓的正确方法；正相反，我们每个人都有机会以自己独特的方式实现自己的价值观。我们的信念决定了我们表达自己价值观的方式。

最后，或许也是领导中最重要的，信念不仅仅是你的部门目标和个人绩效的组合。"将我负责地区的销售额提高12%，同时培养团队精神、实现员工发展"可以说是你的信念在具体目标上的体现，但"你是谁"的本质要素则要比之更为精深。信念既不是你成就的概括，也不是你的成就如何瞩目。我记得有一位项目参与者自我介绍说："我是汤姆，×××（一种知名药物）的发明人。"许多人使用世界对我们的价值期待来定义自己。但如果你一旦被解雇或退休，你说的就不再成立，那它就不是你的信念。下图中的这几点都是对信念的很好的描述。

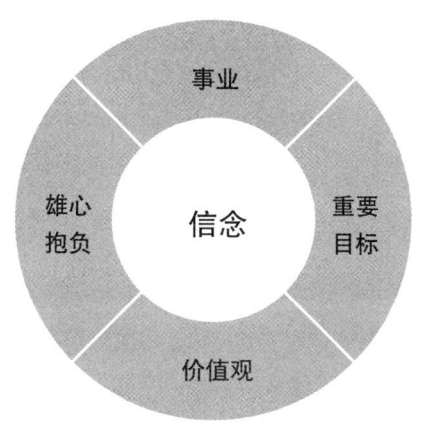

信念对你的积极影响

你可能会说，知道我的"独特礼物"并不比"做你喜欢的事，追随你的激情"更有帮助。实际上，这二者并不对等。你的"独特礼物"更为深刻，且不可改变。我们的激情会变，我们所爱的人也会变（很多人已经和另一半离婚了）。随着时间的推移，信念可能会变得更加细化和深入，但它的基础与底线会一直保持不变。带着时间的独特礼物——你的信念，它将会：

① 给生活中的挑战赋予意义；

② 陪伴你一生；

③ 无论你做什么，它都会影响你；

④ 存在于你生活中的所有方面；

⑤ 缓解"冒名顶替综合征"[1]；

⑥ 释放你内心的好奇天性。

让我们依次讨论这几点。

1. 信念会给生活中的挑战赋予意义

我们的时间不再是可预测的、简单的（如果它曾经是的话）。衡量你（在任何环境下）领导能力的关键指标之一是，竞争对手推出可以颠覆行业格局的产品，公司主要客户叛离、经济大衰退，或者911这样的灾难出现……当这些不愉快的事情发生、影响到你以及与你共事的人时，你是如何反应的。人们会问："这意味着什么？"你如何回答这个问题，将会影响到人们对这个故事的讲述，影响到他们将要采取的行动。

信念是意义的创造者，它的核心就是一台产生意义的机器。它是我们观看世界的滤镜。

托马斯·杰斐逊（Thomas Jefferson）撰写了《独立宣言》，其中他明确阐述了一个新国家的信念。

我们认为以下真理是不言而喻的：人皆生而平等，享有造物主赋予他们的不可剥夺的权利，包括生命权、自由权和追求幸福的权利。

---

1. 译者注：Imposter Syndrome，认为自己不配拥有所达到的一切成就、自己所处的状态、所得到的关爱，认为自己是个冒牌货。

这一段话可能是英语中最著名的一段话了，它总结了引领杰斐逊和开国元勋们的信念。在美国内战期间，林肯认为这段话是整个国家应该努力达到的道德标准。他从中获得的意义驱使他起草了《解放宣言》，并最终结束了美国奴隶制。

当人们重新找回自己的信念时，他们常常会看到，他们一生中发生的事情以一种自己从未见过的方式相互联系起来。他们引领的世界看起来很不一样，因为他们现在清楚地知道自己的独特礼物会给自己的世界带来什么。《独立宣言》定义了成为美国人的独特礼物。对我们每个人来说，我们的个人信念与杰斐逊为美国写下的这段话具有同等意义。

2. 信念将会陪伴你一生

当你 102 岁时，你的信念仍然会和现在的一样。哪怕我们身边所有的东西都已改变——我们的工作、环境、短期目标等，信念也不会更改。如果你的信念随着环境变化而改变，那它就不是你的真实信念。尽管 VUCA 世界经常彻底颠覆我们的计划，但真正的信念岿然不动，它超越了企业的成败、合并与自身的疾病、失业和再就业。你用来表达自己信念的词语可能会改变，但它的核心本质不会。当我们离开这个世界后，还能留下什么？我们离开的时间越长，人们对我们的日常记忆会越少，我们带给世界的独特礼物——我们的信念——则会留下得越来越多。

3. 无论你做什么，信念都会影响你

一旦你找回你的信念，它就会立刻进入你正在做的事情。所以说你不必换工作，或者立刻搬到印度去接济穷人。我们做的很多事情，并不涉及结束世界贫穷、饥饿、战争或癌症。信念应适用于所有环境背景。我们等不及某个公益组织给我们打电话，说："我们有个信念崇高的活动，你刚刚获得了参

加的机会。"我见过一些最不快乐、最没有信念感的人，为公认的"有意义"的组织工作。我也见过一些最有信念感的领导者，在做一些很不吸引人的工作，比如销售除臭剂。

信念会在我们应对挑战时出现，而不是在我们获得职位或头衔时。它每天都在我们身边，我们随时可以选择遵从它的引领。随着时间的推移，我们经历的策略、战术和好运气会共同强化我们表达自己信念的方式。

4.信念存在于你生活中的方方面面

我见过一些领导者，他们相信自己的信念是让自己的业务成功转型，但结果自己在家里都没能成功转型，最终离异，自己独身一人。设定过于肤浅、表面的信念，或者将信念与原因混淆，就会造成"鞋匠的孩子没鞋穿"的窘境。这种错误在于，我们认为信念仅仅与我们的职业生活相关，所以经常能听到有些人告诉家人："我有我的信念，但是它与你们并没有关系。"其实正相反，当你与你的朋友或配偶——不仅仅是那些付钱给你的人——谈论你的信念时，他们应该说："没错！这才是你。"

大部分人从"指导"他们的外部信念开始，这当然更容易一些，但除非我们将其应用到我们自己及身边的每一个人身上，否则信念不会完全进入我们的生活。只有我们将信念应用到我们自己身上、应用到我们的个人生活中，我们才能体会信念的真正价值。我们的信念可能会引导我们创造一种非传统的家庭生活，以一种令人惊讶的方式定义"谁应该干什么、如何共度时光"等。它并不会制造这样的分裂世界，"我会将信念应用在我的工作中，但我在家里是个失败者。"我们的信念存在于我们生活中的各个方面。简单地说，如果你不能将信念应用到你自己身上，那它就不是你的信念。

5. 信念能够缓解"冒名顶替综合征"

世界对我们的期望和要求没有尽头，这会让我们感到焦虑和恐惧。在我见过的领导人中，大约有40%的人（包括那些非常成功的人）患有"冒名顶替综合征"。他们认为办公室里的每个人都实至名归，除了他们自己。他们会一直想："人们什么时候会发现我并不胜任这份工作？"当你发现并开始实现你的信念时，这些痛苦就会消失。信念能让你不同的、相互冲突的个人角色彼此和谐相处，让你真正地"成为"真实的自己。正是这种真实性帮助你赢得他人尊重，并诱使其他人追随。如果你不知道自己的信念，你就不能以它进行领导；如果你不能以它进行领导，那你领导的基础又是什么？

6. 信念能够释放你内心的好奇天性

如果你的信念让你变得严肃、迟钝，那它就不是你的信念。如果只用唯一一个特征来分辨信念领导，那就是：当你内心中那个好奇的年轻孩子微笑时，你就身处信念的领域中了。这里是所有能量、活力、好奇心、洞察力和专注力的源泉。让我们说得更清楚一些，我不是在说真正的孩子，你可能已经长大了。而且对一些人来说，年少时可能过得并不轻松。我说的是我们每个人的内心中都有一个年轻的充满好奇心的孩子，无论你有着怎样的经历。

一个信念要真正有作用，要通过一系列严格测试。下列常见定义都不符合这项测试。

- **某项事业**。拯救鲸鱼和结束饥饿是很好的表达信念的方式，但它们排除了你生活中的许多其他方面。
- **你的角色、工作或职业**。这些只是描述了你做的事情。如果一个同样能干的人担任你的角色，而其他人表示想念你，那不是因为你做了什么，而是你如何做到的。

- **取得巨大成功的雄心壮志。** 成为下一个阿黛尔或大联盟棒球手可能是你表达信念的极佳方式，但这些目标无法通过时间的检验。

余下我们心中所有的，就是你的信念的核心本质，是你带给世界的独特礼物。我们最能控制的是我们对生命中的时间所赋予的独特意义。

因此，我们结束的地方就是开始的地方。我们生活中的所有重大事件都很简单。然而，对我们来说，每个事件都有其故事与意义。看一下事件的目击者报告，你就知道两个人对同一事件的复述有多么不同。我们是人生旅程的意义制造者。信念会让我们人生中的事件拥有一致性，会让它们的意义更加清晰。你知道什么在引领你——你的信念。一旦你拥有了它，你就可以以它为基础进行领导。正如这本书将向你展示的那样，它将对你的领导方式和你的领导角色产生深远影响。

到现在为止，我希望你相信，无论是在工作中还是在你的个人生活中，重新与你的信念获得连接并找到以它为基础的领导方式，是很有价值的。你可能已经思考过自己的信念是什么，并且已经想出一两个短语来描述它。也有可能你已经半途而废，你心知现有方法无法打开你的信念之门。

寻找信念的过程是可以预测的。事实上，我们的课程项目参与者在发现自己信念的路上，都会经历这些情景。但当项目结束时，那些曾经失落的人会变得充满活力，而且更加专注。就好像有人打开了他们的电门一样。周围所有人都能感受到他们的这一变化，因为他们对自己的信念有了清晰的感知，也有了应用信念的计划。

那么，我们应该从哪里开始呢？那些励志书籍通常会提出以下建议：写下你希望八十岁生日时听到的祝酒词内容，或者墓碑上的悼词内容。或者描述一下，如果你拥有世界上所有的金钱和时间，你会怎么做。当然，这些书认为，这些想法会揭示出你内心深处的信念。不幸的是，这些练习给出的有用答案很少。例如，当被问到会如何处理突然获得的财富时，大多数人都会说同样的话："我会环游世界，然后成立一个慈善基金会。"事实正相反，正如对彩票中奖者的研究显示，只有一小部分人利用这些意外财富和自由去追求自己的梦想。我个人的感觉是，只有很少的人明确知道自己的信念。

如果说这样的练习对我们发掘自己内心深处的信念毫无意义，那怎么做才对呢？经过多年的迭代和改进，我已经尝试了数十种寻找、发掘信念的方式。最后，我和我的同事们发现了3个最有效的问题。每一个问题都是经过反复实践、验证提炼而出的。每一个问题都被证实是"通向信念的大门"。在本书后面部分，你将有机会将它们应用到自己身上。

1. 神奇时刻

在我们的生活中，特别是在童年和成年早期，有一些时刻因为紧张感及其特殊性被我们牢记在脑海中。在这些时刻，我们有一种真正活着的感觉，感受到了自己与世界的联系。这些时刻可能只有30秒，也可能长达30天；我们可能是一个人，也可能与朋友或家人在一起；这些时刻可能是重大人生或社会事件，也可能是非常平常的一天。当我们讲述这些时刻的故事时，我们的整个行为举止都会发生变化。我们从厌倦世界的、死气沉沉的状态，一下子变得充满活力，变得更加专注。叙述、回忆这些神奇时刻，是重新建立与信念联系的最佳方法之一。

2. 挑战经历

对一些人（包括我自己）来说，那些最糟糕的时刻可以为我们指明信念之路。任何等级、规模的挑战——从个人问题到天灾战争——都能让我们跌入谷底。当我们身处困境时，我们会依靠自己内心深处的资源来寻找出路。最终，我们会找到带领我们脱离困境的信念。

3. 能让我们坚持多年并依然为之激动的活动

你是否一直都专注于某项爱好或运动？而且从不厌倦？无论是航海、打高尔夫球，还是唱歌，这些活动都帮助我们获得一种强大力量。这也是很多人对之如此专注与满足的原因。在这些活动中，我们发现了一种隐喻，它体现了我们独特礼物的核心本质。

这3种体验有几个共同点。首先也是最重要的，作为强烈体验，它们在我们的大脑中建立了积极的神经联系。当我们开始活动时，我们不仅会看到一部二维电影，还会得到全套的感官体验——气味、味觉、联想和情感都是其中的一部分。我们重新体验了奇迹时刻及其感知——这也是信念的基本要素。这些时刻并没有引导我们走向新的事物，它们让我们重新连接到我们已经拥有的、独一无二的事物，而不是一个标准的、说明人们信念"应该怎样"的好莱坞剧本。

重新体验这些时刻，我们深深地感受到了活力、投入、好奇和当下的力量。此时，成年男性和女性将会从僵硬规范的角色中释放出来，让自己内心中的那个好奇孩童接管自己，在信念的引领下尽情玩耍。内心中的魔力之火重新点燃，你可以从他们的眼睛和微笑中看到它。作为成年人，大多数人都把内心中的好奇孩童隐藏起来。这意味着我们同时也隐藏起来了那些让我们充满生命力与活力的东西，那些让其他人想要追随我们的东西，那些知道我们应该从事什么职业、发展哪项技术的东西。为了寻找到我们的信念，我们得将那个好奇孩童放在驾驶位上。

接下来的3章，每一章都是一个通向你个人信念的入口。其中一个或多个可以帮助你打开信念的大门。

信念的藏身之地就在我们心中。因为熟悉，所以很多人会低估它——他们更重视那些没有经历过或不知道的东西。这很常见：我们最想寻找的东西，其实已经拥有，但我们却看不到。

我见过许多领导人多次得失他们的信念。当他们以信念为基础行事时，所有人都会立刻看到它。当某人按照自己信念行事时，我们会立刻发现，根本不需要什么检查列表。信念会随着他们的出现而占据整个房间。

当你阅读这本书、聆听他人的故事时，你也可以踏进信念所在之地。

思考

1. 在阅读本章之前，你对信念的理解是什么？

2. 关于信念，你现在"看到"了什么以前你没看到的？

3. 如果是你在写《独立宣言》，你会加入什么内容作为你的独特礼物？

4. 如果今天你永远离开，你身上哪些东西是人们最怀念的、无法取代的？

第三章　发现信念：童年的神奇时刻

> 我的童年经历一直陪伴着我。你以某种特定方式开始人生，然后花费一生寻找某种你已经拥有的简单。我不是说要停留在童年，而是要保持一种"以不同方式看待事物"的精神。

——蒂姆·波顿（Tim Burton）

蒂姆·波顿是从《阴间大法师》（*Beetlejuice*）到《爱丽丝梦游仙境》（*Alice in Wonderland*）一系列电影的创作者。他上述这番话的主题是接近信念的关键点之一：我们内心里的孩子。这段话还提醒到，并不是要我们成为孩子，而是要我们保持孩子一般的好奇心，以自己独特的方式看待事物。如果说信念是我们带给世界的独特礼物，那我们内心中好奇的孩子就知道它藏在哪里。虽然这听起来很明显，但十年前，当我刚刚开始研究信念对领导力的影响时，这些还都是未知的。

童年时刻的重要性

对大多数人来说，童年和成年早期是成长和探索的时期。整个世界都是崭新的，我们每天都在考验自己。那个时候，世界还没有定义我们"应该"去做什么，我们的教育、文化背景和世界观一直在发展。

即使是困难环境下的成长，也有其重要的发现时刻，包括世界与我们和平相处的时刻，也包括成为我们自己、去做我们喜欢和擅长事物的时刻。这些就是释放我们无限可能性的关键时刻，它们充满了难以置信的力量。对它们的回忆可以将我们带到一个完全不同的精神与情感之地。那么，是什么让童年记忆成为了了解自己信念的高速路呢？

童年记忆深刻、难以磨灭

即使我们多年没有记起，童年时代的记忆也可以像今天早上发生的事情一样新鲜而充满活力。强烈的体验感牢牢地植根于我们大脑。当我们重新唤起自己强烈的童年记忆时，我们会重新体验那些充满惊奇和富有洞察力的时刻——这些是信念的基本要素。记忆的强大力量会让人们大声笑出来，甚至流下喜悦的眼泪。

克里斯蒂娜——激励放风筝的人制造火箭

克里斯蒂娜·哈比卜（Christina Habib）是一位充满活力的领导者，她的职业生涯因一系列成功的商业转型为人称道。众所周知，她看到了别人看不到的问题，迅速且彻底地解决了这些问题。然而，在参加完我们的一次会议后，她把自己信念的表述为"在我获得成功时帮助我的团队也获得了成功。"在她说这句话的时候，我们所有人（包括她自己）都几乎因为她这没有说服力的表达打起了哈欠。但其实这就是她——一位精力充沛、强大的领导者，有着出类拔萃的同辈反馈。

于是，我让她给我们讲了一个她童年的故事，一个美好的、她永远珍惜的时刻。当克里斯蒂娜还很小的时候，她最喜欢的事情就是制作风筝，然后和父亲一起放飞。但当全家搬到巴林[1]后，放风筝不再被允许。

1981 年在巴林，那时我 11 岁。有一天，我爸爸回到家，看见无精打采的我，问我出了什么问题。我告诉他我们不能再放风筝了，这里太无聊。他说，"过来，我给你看点儿东西……"他从我的作业本中撕下一页，不一会儿折出了一个纸火箭。我在想，真的吗？这就是我们要做的，坐在这里假装我的作业本会飞起来？他读懂了我的心思，对我说："风筝是过去的事了。你看，尽管它们飞得很高，但终归会被绳子缠住。只要加一点儿想象力，你可以把它们变成更好的东西。"

这件事发生在 1981 年，那年美国国家航空航天局（NASA）发射了第一架载人航天飞机。但巴林并没有火箭。那一刻，这个小女孩明白，风筝已经不重要了。当克里斯蒂娜重温自己童年故事时，她意识到这就是信念出现的地方。她的信念就是"激励放风筝的人制造火箭"。

从她说出自己信念的那一刻，她就意识到为什么自己的某些职业角色极其成功乃至辉煌，而另一些则是彻头彻尾的灾难。她工作在一个人人都在放风筝的组织中，但是放风筝已成过去式。如果他们不去造火箭，一切就都结束了。她是一股巨大的能量流，在她经过之后，人人都造起了火箭。

就像其他案例一样，通过自己的信念滤镜观察自己的职业生涯，这给克里斯蒂娜困惑已久的事物带来了新的观察视角及意义。如果她进入一个已经拥有火箭的组织，她只是万千普通组织成员中的一员。她为什么要去那里？

---

1. 译者注：Bahrain，巴林王国，简称巴林，是一个邻近波斯湾西岸的岛国。

或者，这个组织在做风筝，而且风筝做得很好，那么谢谢，这里同样也不适合她。如果有个组织正在努力建造火箭，却被风筝线牢牢困住，那么她的出现无疑是伟大的独特礼物。"稳扎稳打"不是她的信念；对她来说，领导是为了获得别人可能不敢想象的商业成果。克里斯蒂娜做出了如下的描述。

我可以看到我的信念是如何指引我的职业生涯的。从那以后，我的事业、工作的每一部分都不再一样了。我的信念是一种促进事物发展的内在激情。我们改变了投资组合、组织架构和主营业务，火箭仍在上升。就个人而言，我的家庭情况有些问题，我一直在处理婚姻与孩子的关系。当我和丈夫产生隔阂时，我们决定留在一起，共同改变我们的婚姻。我和我的两个女儿谈了她们的潜力以及失败的原因：放飞一枚不起作用的火箭也是没问题的。对她们来说，这不是能否取得成就的问题，而是她们因为害怕失败隐藏了自己的才能。

每当我无法遵从我的信念时，就会产生相应的渐进改变。我的信念就是我的储蓄账户，这些年我经历的挑战就是我的积蓄，因为我从改变中获得了收益。

重述这些童年故事，可以让我们以一种具有独特意义的方式来概括我们的信念。没有人会说自己的目标是"激励放风筝的人制造火箭"，没有人能够不听解释而理解这句话的含义。但是对克里斯蒂娜来说，这句话点明了她行动的意义，并且帮助她更加专注于自己的工作。

这些神奇的时刻可能被其他人见证过，也可能没有。它们可能只持续了几秒钟，但却是我们最有活力的一刻。回忆起这些情景，我们总是会嘴角上扬、露出微笑，就像一位领导者回忆起她内心真正相信自己拥有的、一个永远不会被提及的超级大国一样。

还有很多人，他们也是通过访问自己的童年记忆来找到自身信念的。如果你了解这些故事，你就知道每个人的信念有多么独特了。这也提醒我们，虽然你可能认为自己的故事对他人来说极其微不足道，但它对你却有着深远的意义。通过这些故事，领导者们能够了解自己应该如何领导，以及什么时候是在进行信念领导。

德克（Dirk）是一位市场营销部高级副总裁。他给人的印象是，他总是冲在解决问题的第一线。如果有什么事情需要解决，他就会立刻投入其中。

德克——奔向未知，让我们找到哨声

德克有一个强大的童年神奇时刻，完美地帮助他找到了信念。他当了16年的童子军，他热爱每年的夏令营，热爱那段夜间远足、架桥过河、野外做饭，还有大家一起发明新游戏的时光。这一切都围绕着冒险和探索——发现未知事物。对德克来说，未知可能性带来的焦虑与兴奋让这一切变得十分有趣。他的座右铭是："我们能走多远？"他喜欢突破环境的界限与挑战，运用想象力和创造力解决问题、到达终点。置身于需要聪明才智才能完成的任务中，他觉得自己能够征服整个世界。

夏令营中的一个游戏最能让他体验这些感觉。夏令营最后一个测试是要他们克服恐惧，运用所有侦察技巧完成任务。深夜，一位高级领队走到漆黑的树林里，吹起哨子。这一次，童子军们需要在没有手电筒的情况下穿过树林，找到哨声来源。

在测试中，因为没有手电筒，童子军不得不跌跌撞撞地穿过树林，找到哨子。而为了让测试更具挑战性，吹哨子的人会移动，所以如果你只根据哨音寻找，永远也无法完成任务。你必须找出哨音的移动模式，预测它的下一个

位置。和大多数队友不同，德克并不害怕，他反而很兴奋。独自一人待在漆黑的树林里，没有光线，周围充斥着奇怪的声音，追逐着永远不会出现在你希望的地方的哨音，这对德克来说简直就是天堂。他不怕面对未知，决心找到树林里的那个人。一小时又一小时过去了，德克意识到，关键不是奔向哨音，而是要放慢脚步、倾听。其他孩子心烦意乱的抱怨声，反而增强了他倾听、发现哨音改变模式的欲望。最后，他找到了哨音响起的地方，此时已是第二天的凌晨。

"奔向未知，让我们找到哨声！"我是那种典型的寻求挑战、带着一队人毫无畏惧地寻找哨声的人。现在想想，这是让我觉得最舒服、最幸福的角色。这与承受风险无关，因为你要把注意力集中在你的任务上——也就是说，你要使用不同的方法来实现增长。

——德克

兰杰（Ranjay）——把人带到舞台中央。灯光！摄像！开始！让我们创造不同

我刚认识兰杰时，他是个很严肃的人。作为一家全球公司的人力资源高级副总裁，他在工作中面临着巨大的责任和挑战。人们认为他是一个强烈的价值观驱动型领导者，他几乎没有微笑，直至他重新找到了自己的信念。是的，我们可以对信念视而不见，但是它却会一直等待我们的回归。

当兰杰谈到童年的神奇时刻时，我被他的转变触动了。他拥有不止一段的神奇时刻，而是一系列的。原来，从小到大兰杰都很喜欢舞台。他最早的神奇时刻记忆是在舞台上，在聚光灯下，可能是独自表演，也可能是合演。

他的童年完全沉浸在表演中。如果没有喜欢的剧本，他就会自己写一段然后表演。他甚至以单口搞笑演员的表演身份，竞选了高中学生会主席。这些活动给他带来了比学习更多的快乐，尽管他是一名优秀的学生。看兰杰讲述这些故事十分震撼；我们看着他从一个非常严肃的人转变为一个活力四射、无比好奇的男孩。就好像有人将聚光灯对准了兰杰。在此之前，他完全忘记了生命中的这一部分，以及这些是如何塑造自己的。我看着他卸下了肩膀上的多年的负担，因为他重新找到了自己的信念。这记"当头棒喝"让兰杰找到了生命中的指南针。兰杰的信念表达是"把人带到舞台中央。灯光！摄像！开始！让我们创造不同。"

这个信念对兰杰产生了深远的影响。他现在会冒着极大风险，将赌注全押在关键人物身上并把他们带到舞台的中心。他喜欢直接将某人提升两到三个级别，让其他人抓狂，拼命想知道为什么会这样。指导、支持这些人现在已经成为他信念的重要表现方式。他意识到自己之所以能够取得现有成就，是因为人们在他身上下了很大赌注。他第一次有这种感觉时还是个孩子，周围人都支持他站在舞台中央。

现在他则提醒自己："让我把人们带到舞台的中心，为他们投资，在他们身上赌下未来。"他意识到，如果某个职位的候选人第一天工作就能完全上手，那么你就不是在培养他——嘿，他们已经准备好了，他们不需要你的帮助，他们想的是 3 年内跳槽。如果你在某个人身上下了大赌注，那个人就会留下很长时间，并且对公司产生积极的影响，就像兰杰做的一样。但这并不意味着会一帆风顺。兰杰意识到，将人们带到舞台中央的头几年是最艰难的、也是最关键的部分。

我相信我们所有人都值得为兰杰效力一段时间。我这一生中遇到过一些像兰杰的人，这些也是我最满意、最有活力的工作体验。如果他没有通过童年的神奇时刻重新找到自己的信念，那么很多人今天就无法站在舞台上。

信念的指引

最后，让我们回到克里斯蒂娜——想要拥有"火箭"的信念领导者，作为本章的结束。重新找到自己的信念后，克里斯蒂娜看到了自己角色的力量。

你问我为什么我的信念是这样。在一个疯狂的 VUCA 世界，一个苦苦挣扎的行业里，每个人都被自己的风筝线绑住，重复过去的工作。只有火箭才能带给人们登上月球的可能性。我们熟悉的那个世界已经不复存在了。

我们一直在寻找自己存在的意义，自己应该做的事情。但在这种随波逐流的生活中，我们很难找到，却很容易失去。

克里斯蒂娜的故事并不是在找到自己信念、说出自己信念表述的那一刻就结束了。

你可能还记得那个用火箭将我从对风筝的渴望中释放出来的人。某年的12月4日，我不由自主地上谷歌搜索了一些火箭幻灯片。那一周我的工作十分繁忙，生活也出现了危机，我不知道为什么自己要浪费时间在这件事上。今天，我终于记了起来：12月4日是那个人——我的父亲去世的日子。我从没有正式地对他说一句再见，也没说过我有多么爱他，为此我折磨了自己8年。现在，我已经接受了我们不需要说再见这个事实。我的父亲，一直以某种方式活在我心中，活在那些火箭幻灯片里。"克里斯蒂娜，别担心风筝了。我们来做火箭吧。"

思考

1.当你还是孩子时,什么活动或哪些时刻让你感受到了最大快乐与满足?（这可能是一个特殊时刻、一个特定活动,或者一系列经历。）

2.具体描述其中一个时刻,要有大量细节。把这一切都写下来,就好像你又回到那个时刻一样。

3.你讲述的故事（时刻）的重点与关键因素是什么?

4.当你回忆起这一刻时,你的情绪如何?

第四章　发现信念：熔炉时刻

那无法杀死我们的，让我们更加坚强。

——弗里德里希·尼采（Friedrich Nietzsche）

对一些人来说，信念可以在最黑暗的时刻闪耀出最璀璨的光芒。我们的生活可以用一句古老的谚语来概括："平静的大海永远不会造就出熟练的水手。"在《极客与怪杰》（*Geeks and Geezers*）一书中，作者沃伦·本尼斯（Warren Bennis）和罗伯特·托马斯（Robert Thomas）将熔炉（crucible）形容为考验我们极限的强烈体验。"战胜逆境，变得比以往任何时候都更强大、更有责任感所需的技能，也是造就杰出领导者所需的技能。"我们的熔炉经历，可以迫使我们最终"现身"并步入我们的信念。

我发现、实现信念的能力，深深植根于我生命中最具挑战性的那些时刻。回忆童年的神奇时刻，并没有让我找到我的信念。随着时间的推移，我的激情与信念紧密联系在一起，但只在能给我带来启示的熔炉时刻出现。如果你没有仔细研究、剖析你经历过的最受考验的、让你明白"我是谁"的那一刻，那你就不可能成为一名真正的自我意识的领导者。如果在这些时刻中不能发现你的信念，那它就很可能不是你的信念，不是吗？

熔炉力量

我一直没有注意到熔炉在定义我们信念的过程中所起的作用，直到我遇到了几名杰出的女性。所以，在我讲述自己的故事前，我想先向你介绍一下雅基（Jacqui）和史黛西（Stacey）。在我了解信念旅程的早期，她们告知了我熔炉力量对于寻找信念的重要性。

雅基——通过坚忍不拔，创造辉煌

作为新西兰一家类似家得宝（Home Depot）的大型零售商的新任总经理，雅基需要在一个男性世界中领导重要的业务转型工作。对他人来说这是一项不可能完成的任务，我真的很好奇究竟是怎样的信念能够驱使她自信地领导这一工作。结果没有让我失望。

当雅基分享她的熔炉故事时，我知道这就是信念的来源地。基本上讲，熔炉故事都会以一种平静的语气讲述出来，一旦讲完我们就会松一口气，然后淡淡地感谢我们能够在艰难时刻吸取到宝贵教训。但是，雅基完全不一样。具体来说，她在讲述这些故事时神情相当的欣喜若狂。此时我第一次意识到，我不是唯一一个在这些神圣的死亡与重生故事中找到自己信念的人。

当雅基只有 15 岁时，她发现自己怀孕了，她的男朋友是一个 29 岁的菜鸟足球运动员。感谢天主教，他们俩结了婚，但不是为了爱情。在接下来的 9 年里，雅基的生活逐渐崩塌，她丈夫的职业生涯因为伤病而跌落谷底，酒瓶成了他的最爱，最后还出现了家庭暴力这一病态行为。在 25 岁，肚子里的第 3 个孩子才 8 个月时，雅基带着两个女儿离开了家。她记得自己站在药房前，外面下着淅沥沥的小雨——怀孕，带着两个女孩，除了身上的衣服以外几乎一无所有。在接下来的 3 个半月里，她们住在一个家暴庇护所里。然后，因为新生下的男婴，她从庇护所那里获得了住房援助。她站在一堆满是陌生人捐赠的物品的箱子旁，看着孩子们在睡梦中度过在新家的第一晚。就在那一刻，雅基醍醐灌顶，这是一个她从未有过的清晰的时刻。雅基意识到，很多人无法接受、甚至无法想象的情况，她处理起来也会无比平静。

雅基熔炉故事的结果可能并不是你所期待的，当然也不是我想要听到的。每一天，她都要想办法养活自己和孩子，过上一种完全不同于以往的生活。她重新站起来，追求事业，抚养孩子。令人惊讶的是，她从来没有分享过这个故事，直到我们坐在一起。在讲述中，她的信念出现了。她知道她的信念，我知道是什么，很快你也会知道的。

我们拥有不止一段熔炉故事

她的下一个故事发生在 2008 年经济衰退时期。那时，雅基已成为一家全球零售商的出色高管，该公司才在香港开设旗舰店不久。不幸的是，因为经济环境，这家店需要关闭，而且越快越好。雅基决定担任关闭商店这个职责，她还有个个人目标：帮助全部的 30 名员工找到新工作。在正常情况下，这需要 3~6 个月。但那时，没有人知道衰退的底线在哪里，也没有人在招聘。此外，雅基还要面对文化障碍和语言障碍。当她向团队宣布公司决定和个人计划时，只有很少的人理解她在说什么。这家全球零售商对这些员工并不在乎——"让他们走"就是公司的立场。但雅基认为自己不是这样的人。她亲自参加了 12 名团队成员的关键性面试，希望他们能在为数不多的工作机会中获得成功。没有人要求她这样做，但对雅基来说，这些人和她自己的孩子没有什么不同。她会不惜一切代价帮助每一位员工做出正确的选择。这里必须要说的是，这些人并不是她手下的老员工，他们为她工作了仅仅几个月而已。但雅基心中只有这一种做法。她一生中最快乐的日子之一，就是当这家店关门的那一天，每个人都找到了新工作。

这是雅基的最后一个故事。你一定在想她的信念是什么……现在应该已经很清楚了。是什么呢?

雅基的下一份工作在另一家全球零售商企业。她的愿望是成为一名地区经理,但不管她的工作与业绩多么出色,被提拔的总是其他人。终于有一天,总经理与她会面,看着她的眼睛说:"我们希望你成为一名地区经理。我们需要一个女人在这个职位上,而你是我们拥有的最好的女人。"这是雅基梦寐以求的职位,但她对成为公司高管团队中的女性吉祥物毫无兴趣。虽然付出了 6 年的努力,但她仍然在第二天递交了辞呈。

有些人的确与众不同,其他人眼中的灾难,在他们眼中却变成了胜利。雅基的独特礼物之一,就是她在面对困难与挑战时的应对方式。在讨论她的故事的过程中,我们发现了其中的共同点,最终成了她信念的表述:"通过坚忍不拔,创造辉煌。"如果天塌地陷、世界崩溃,我希望我能够站在雅基身边。

生活中的熔炉模式

若干熔炉经验的共通模式,可以帮助我们找到能够在艰难时刻引领我们的信念。我们无法选择我们出生的环境以及我们成长的世界。我们能够选择的,是我们与世界的关系,以及我们如何在人生旅途中实现我们的信念。

史黛西——投入这场有价值的战斗,把你的头发吹回去 [1]

---

1. 译者注:原文为 blow your hair back,可以指风太大,将头发吹到身后。隐含意思为对他人产生巨大影响。

7 岁时，史黛西就生活在熔炉里。跟随家庭从纽约搬到得克萨斯州，她就是一条带着洋基口音的离水鱼。大约 1 年后，她的家人又回到了东北部，史黛西不得不再次进入新学校，结交新朋友。多年来，她的父母一直在照顾生病的家人，经常不在她的身边。所以史黛西只能自己为自己铺平生活道路。她是父母最不需要担心的人。她发现了自己身上的坚韧与韧性，这促使她参加了大学校运动队，同时还负责校报的编辑工作。

20 年后，史黛西在市场传播领域工作时，她意识到自己需要新的挑战。于是她把目标放在了加入公司审计部门——这是在她现有背景下没有人能成功做到的事。她的第一个障碍是说服公司高层领导给她一次机会——在完成了 4 周的试做任务后，他们同意了她的请求。她不仅在试做任务中取得了出色成绩，随后还进入了公司审计部门，并接受了一个负责财务工作的职位。她不知道的是，她将经历的就像加入特种部队一样。这是一条陡峭的学习曲线，几年来，她每晚只能睡两三个小时；她从不会在一个地方待很长时间，她工作的全部时间都在进行全球旅行。她觉得自己是办公室里最笨的人，很多时候她只是想努力生存、学习。

多年来，她每天都想辞职退出，但最终还是坚持了下来。

接着，当第一个儿子出生时，她有了与死神面对面的体验。当时她在手术台上出现子痫，医生捆住她控制抽搐时，她盯着无影灯，想着："哇，这就是我的结局吗？"当她醒来时，脸色惨白的医生告诉她，她的肾脏和肝脏已经离完全的功能丧失非常接近了。这迫使她放慢脚步，照顾自己和她的孩子，这是她有生以来的第一次。工作必须排在第二位，这对史黛西来说并不容易。

她分享的最后一个故事是，在她二十多岁时，她被诊断为 BRCA 1 基因突变者，该基因突变直接与乳腺癌和卵巢癌相关。史黛西的母亲在正值壮年时被诊断患有晚期卵巢癌，此时史黛西得知，她一生中患乳腺癌的风险为 87%，患卵巢癌的概率为54%。她是耶鲁医院有史以来最年轻的预防性乳房切除术接受者，三十多岁时她又接受了降低卵巢癌风险的预防性子宫切除术。她将可怕的个人经历变成了送给他人的礼物——她进入了Bright Pink[1]这家非盈利组织的董事会，成为一名教育大使，并致力于支持那些身处同样境遇的年轻女性们。

史黛西以一种充满活力与火花的方式讲述着她的熔炉故事。通过回顾这些故事，以及重温这些蕴含能量与好奇心的时刻，她对自己的信念有了一个非常恰当的表达："投入这场有价值的战斗，把你的头发吹回去。"这一强烈的信念是史黛西所有挑战的完美解药。如果你见到她，你就会立刻明白我的意思。她散发出的能量比我所见过的所有人都强。如果你有头发，当你在她身边的时候，你的头发会被吹回来！

史黛西和雅基都在寻找其他人逃避的冒险。面对其他人避之不及的灾难，她们却因为自身信念而变得更加活力四射。从某种意义上说，这就是信念的美丽礼物。我们每个人对事件都有着独特的反应。因为每个人的信念都不同于其他人，所以我们才能看到他人看不到的事物与可能性。

我的熔炉故事

现在是我自己的熔炉故事时间。20世纪60年代末，我在田纳西州查塔努加郊外的一所小学开始上一年级。在那段时间里，我几乎与世隔绝，我的世界里只有一个会用木制球拍惩罚学生的一年级老师。出于某种我永远不会知道的原因，她每周都要在我身上使用一次球拍，其他人则不会这样。有时，我的确会做出一些违反规则的事情，需要被提醒；但大多时候我什么也没做。

---

1. 译者注：美国一家为年轻的高危乳腺癌/卵巢癌患者提供教育和帮助的非盈利组织。

而她则说，她只是在弥补那些没有抓到我的时候。你可以想象这对一个 6 岁的孩子有什么影响。我记得我意识到，我无论做什么或者不做什么，都不会改变这种情况。我甚至没有想过告诉我的父母。我决定的是，我要刻苦努力，比任何人都要聪明。

我需要去一个她无法进入的地方，幸运的是，我的内心是自由的。如果外面世界让我无法忍受，我就会进入内心世界。关键不在于惩罚是否公平、公正，而在于我如何应对这些不可避免的情况。从一年级开始，读书就成了我的逃避手段，其重要性每日剧增。

在那之后，我的生活变得好多了，我经历了一系列相对正常的"冒险"，直到我 15 岁时，我又进入了困境。1975 年，在我 9 年级时，我们搬到了南卡罗来纳州的查尔斯顿，我被扔进了全国最糟糕的学校之一。在住过一栋漂亮的房子后，我们住到了地下室。我父母的婚姻关系和工作均处于低谷。我是个书呆子，孤独且迷失自我。

有一天，我骑着自行车去了一家书店，不知怎么地，我发现自己置身于哲学区。不管是叫哲学还是叫"自助"，这些书占据了书店一半的书架。我开始阅读伟大哲学家的著作和故事，从亚里士多德到海德格尔，从释迦牟尼到圣雄甘地。此时，我被这些书的共同主题震撼了：我们每个人的潜力，是大部分人成就与经历的 10 倍。这些故事的主人公，完成了不可能的事情。对于一个 15 岁的孩子来说，我觉得他们远在宇宙的另一端；但与此同时，我有了"家"的感觉。我感觉我不再是一个人了。我阅读的故事中包括失去、拒绝与被拒绝，这些我都感同身受。但是，这些也都是关于救赎和复兴的故事。

我意识到，我可以一生都在抱怨自己是一名受害者，但我也可以专注于自己能够成为什么样的人这件事上。我记得自己当时的想法以及抉择。我有没有想过："哇，我现在知道我的信念了！"没有。我所关注的只是在非常黑暗的生活中找到不多也不少的一丝光明。只有回首往事，我们才能看到信念对我们的引领。

从外部看，我的生活并没有改变多少，但是我和世界的关系彻底不同了。我意识到：发生的事只是发生了而已；是我们从这些事中获得的意义，决定了我们的反应以及我们的后续行动。我开始阅读关于这个主题的所有书籍，当现实世界的例子没有帮助时，我转向了《沙丘》（*Dune*）和《指环王》（*The Lord of the Rings*）。事实上，《指环王》帮助我在笨拙的青少年时期度过了许多艰难时刻。这与其说是一种逃避，不如说是一种提醒：无论此刻经历的事情多么糟糕，我们都可以成长为更优秀的自我。

1977 年，我决定学习冥想。我查遍了黄页——那可是 20 世纪 70 年代谷歌搜索的纸质版。如果僧侣们能够通过冥想减慢心率并升华意识，我也想做到这些。我的信念一直在影响着我，虽然我还没有意识到这些。

我的下一个熔炉是大学毕业后的第一份工作。我获得了计算机科学学位，并搬到波士顿为数字设备公司（Digital Equipment Corporation，现在的惠普公司）工作，这可能是当时最为非结构化的工作场所了。6 个月以来，没有人告诉我该做什么。我在大学里成绩优异，还有一位非常了不起的导师——海登·波特博士（Dr. Hayden Porter）。他看上去很像《指环王》中的甘道夫，很多时候我觉得自己像极了弗罗多。波特博士一直在督促着我前进，毫不停歇，你可以说这是积极的熔炉体验。

在第一份工作中，我这个弗罗多找不到甘道夫。我太痛苦了，工作时，我觉得自己就像在监狱里一样。于是，我做了我一直在做的事：寻找智慧。这一次，在波士顿，我可以不用去阅读，而是直接聆听这些智慧。这里有来自各个领域的老师，包括麻省理工学院斯隆商学院（MIT Sloan School）的教授艾德佳·沙因（Edgar Schein）——他对组织文化变革的见解，让我受用至今。

吸收了所有这些智慧后，我决定在工作中向那些创造了当时最优秀的计算机硬件和软件（VAX-11/780，一台对计算机业有着巨大影响的机器，就像苹果公司几年后的麦金塔电脑一样）的名人们学习。VAX 操作系统的创建者大卫·卡特勒（David Cutler，他随后创建了 Windows NT 操作系统）说，他在第一次会议上展示了已经编写好的 5 万行代码，这才确立了创建 VAX 操作系统的前身——RSX 项目。听他讲述这个故事时，我忽然间醍醐灌顶。我最宝贵的见解总是来源于最艰难的熔炉时刻，这是我当时接收到的信息：你可以创造你的命运，而不是被它引领。那一刻，我感觉自己比几年前更有"家"的感觉。

从火焰中出现的是什么？

直到四十多岁时，我才发现我的信念，那时我正在和比尔·乔治一起撰写《发现你的真北》（*The Discover Your True North Fieldbook*）。我负责信念这一章内容，这迫使我高度集中注意力。信念是个无情的工头。我的信念是"叫醒你，让你回家"。为什么我要用这些词句而不是其他词句呢？当我唤醒一个人更深层次的自我时，也是我最有活力的时候；就像其他人在我最黑暗的时刻为我做的一样——无论是《指环王》中的甘道夫，还是 VAX 操作系统的创建者。对我来说，发现一个更深层次的真理就像回到家一样。所以几年后的今天，我出现在了这里，回望着信念如何出现在我面前。

我总是会遇到正在经历熔炉时刻的人。每当此时，我都会露出发自内心的微笑，因为我知道更深层次的真理在等待着他们：他们的信念。当信念最终出现时，大多数人都会感到惊讶；但他们最终会满意自己的核心本质。他们终于"回家"了。

对于领导者来说，最重要的可能莫过于确信自己追求的是自己内心所望，而不是他人的圣杯。我喜欢《绿野仙踪》（*The Wizard of Oz.*）的结局。在经历了一段艰辛经历之后，多萝西已经做好了回家的准备——但她不知道该如何回家。善良的女巫格琳达从天而降："把你的红色拖鞋放在一起就行——你永远有回家的力量。"在某些方面来讲，这就是我的信念：帮助你认识到，你永远都有和真实的自己相聚在"家"中的力量。教授真实领导力和信念，这就是我实现自己信念的方式。

钢要经过炉火才能锻炼而成。经历生命中的艰难时刻／时期，你也能够锻炼出你自己独一无二的信念。通过审视、研读自己的熔炉时刻，我可以回答一系列诸如"我是谁""我为什么做了这些事""我要去哪里"等问题，就像其他很多人一样。

你的信念永远都在引导你。你现在的机会是完全拥有它。有些人发现，当我们在经历他人眼中的熔炉时刻时，我们的信念是最积极、最明确的，这就是信念领导的机会。我希望你们能够像我一样，能够在挨上轻轻一脚后找到自己的天堂，能够通过探索自己的熔炉故事找到自己的信念，并在此过程中找到"家"与真实的自己。

思考

1. 描述两到三个你自己的最具挑战性的经历。可以是你的生活经历，也可以是你的工作经历。

2. 如果没有这些经历，你的生活中会缺少什么呢？

3. 这些经历给你的生活带来了怎样的礼物？

4. 你内心深处的哪些东西是走出这些经历的关键？

第五章　发现信念：激情时刻

　　我们的激情，简单地说，就是我们的好奇心——我们内心中最关心的东西。不管它们以什么形式出现，激情总是因它们的活力而被辨识。它们是"活着的"，我们深深地感受到这一点。激情促使我们行动。此外，激情并不会消失，它们会在我们的思想和体验中反复出现。

　　　　　　　　　　　　　　　　　　——理查德·莱德（Richard J. Leider）

　　理查德·莱德是我的一位同事，他撰写了大量关于激情与信念联系的书籍文章，据他解释，那些不断给我们的生命带来活力的行为，往往也总是接近我们信念的切入点。

　　我们都有激情，其中许多会随着时间的推移而改变。如果想要一段激情能帮助我们寻找到引领我们的信念，那它需要与我们共处一定的时间。激情或许并不是我们今天正在进行的活动，但它一直都是我们生活中不可或缺的基础部分之一。不管是踢足球、跑步、唱歌、滑雪，还是拉小提琴，关键是我们从中获得了活力和能量。

　　我们会以不同的方式进行这些活动。例如，当"必要的邪恶"（如日常工作）阻止我们去做想做的事时，我们不会去读关于激情的旅行指南。我们与旅行指南会以一种非常不同的方式联系在一起。那些前人的教训和故事，我们会在假期时阅读。它们使我们感觉到生命的活力，并让我们重新与激情拥抱。

对大多数人来说，这些活动与我们的谋生方式、所扮演的角色类型，甚至我们是否擅长都几乎没什么关系。我们只是因为喜爱而去做。激情是我们如何看待世界的微缩版本，它体现了我们的天赋并引导我们的信念。就像其他接近信念的切入点——童年的神奇时刻或者熔炉体验一样，激情已经与我们在神经层面紧紧地结合在一起。激情带给我们的视觉形象、情感和肌肉记忆是生动而独特的。那么，为什么世界上有那么多与我激情相同的人呢？即使有着同样的激情，我们每个人的体验方式也是独一无二的。没有两名足球运动员是一样的，没有两名独奏者会用同样的方式诠释一首乐曲。

在"没走过的路中"找回自己

约翰（John）——永远都要成为管弦乐队的首席小提琴手

约翰对自己的人生选择感到心烦意乱。他正处在职业生涯的巅峰时期：担任公司营销副总裁，经手的广告预算高达数千万美元。他是"真正的男人"，但他感到很矛盾。

当他 21 岁时，他有望成为一名世界级的小提琴家。后来，他坠入爱河，结了婚，生了孩子，同时也搁置了自己的梦想。他获得了市场营销硕士学位，并以远超同龄人的速度快速晋升，成为市场营销领域的佼佼者之一。现在约翰 45 岁了，他脑子里有个声音在不停地质疑他是否走错路了。就像罗伯特·弗罗斯特（Robert Frost）的诗歌《未选择的路》（*The Road Not Taken*）中写的那样，约翰看到了：

黄色的林子里有两条路，

很遗憾我无法同时选择两者。

他想："如果我继续拉小提琴会是什么样子？我现在会成为大型管弦乐队的首席小提琴手吗？"每到晚上和周末，约翰都会拉着小提琴，思考这些问题。

谈到演奏小提琴时，约翰整个人都兴奋起来了。我们已经身处他信念的领域中，问题是如何让他能够随时进入这里。对信念的表达能够帮助我们到达信念的领域，但这些词句必须包含强大的内容，这样才能让我们和信念连接起来。

约翰的小提琴经历中的某一部分，就是进入信念领域的关键。对许多人来说——无论是演奏乐器、唱歌、滑雪，还是打高尔夫——我们对这些活动的热爱超越了空间与时间。那就是信念所在的地方。

我请约翰描述为什么他认为自己能成为一名世界级的小提琴家。他列举了自己的一系列特质，正是这些特质帮助他登上了职业巅峰。从他的描述中我们得知，他总是可以做到完全准时，而且他能够将整个管弦乐团成员聚集在一起，创造出神奇的时刻，并能全心全意地为指挥服务。在解释这个问题时，他再次展示了谈到演奏小提琴时的活力与能量。毫不奇怪，他对自己的描述与同事、老板在绩效评估中对他的评价完全一致。别人也是这样看约翰的。

约翰的信念是"永远都要成为管弦乐队的首席小提琴手"。实际上在生活和工作中，他一直都是"首席小提琴手"。有些时候，他会真的拉起小提琴。一旦意识到这一点，他忽然发现自己生命中最大的矛盾已经消失不见。他不再怀疑自己是否应该走另一条路。只有一条路——他的使命感——一直在生命中的各个方面引领着他。他梦寐以求的东西已经与他自身融为一体，永不分离。当约翰告诉老板自己的信念时（"永远都要成为管弦乐队的首席小提琴手"），他的老板大声笑了出来，然后告诉他说："这就是我们将重要工作交给你的原因。"

我们每个人都是矛盾的综合体。有时我们很难接受自己的某些部分，但时不时得找个地方让这些部分出来"透透气"。信念的最大礼物之一，就是解决了"我们是谁"这个最大矛盾，让我们与隐藏的那部分自己和谐地融合到一起。这种自我整合正是我们希望在领导者身上看到的。

这就是信念的力量。它的关键是我们做事的独特方式，而不是我们真的在做什么。约翰现在不仅能拉小提琴，还能明确表达自己的信念，并以此在一次超级碗（Super Bowl，美国职业橄榄球大联盟年度冠军赛）的大型广告准备会议上挑大梁。无论我们在做什么，我们的信念都会影响着我们。

利用激情的力量

那么，你的长期激情是什么呢？对某些人来说，激情是我们所从事的某项运动，并已成为我们的身份之一。我们大量的练习、比赛以及从中学到的教训，为我们提供了确定信念的丰富环境。当我们回到这个领域时，我们的深层神经网络会让我们全身心地投入到充满信念的比赛中。

彼得（Peter）——每时每地都在进行冠军联赛

彼得是家中 3 个孩子的老大。他们的父母本就不应该结婚，家里的气氛总是很紧张。于是踢足球成了彼得的避风港。当他上大学时，他的父母终于离婚了——过程非常混乱，不仅充斥着大量的争吵，甚至最后还闹到了法庭。当时还在上学的他，开始介入父母的离婚之争。对一名大学生来说，和妈妈住在一起，整天调解离婚事宜并不是什么"正常生活"。于是，足球对他来说变得更加重要了。在家中一团糟的环境中，他成为了一名一流球员。

此时，你可以说他的故事与其他人并没有太大不同。许多人踢足球、打棒球或进行其他运动，但这真的是他们接近信念的切入点吗？

彼得对比赛的终身激情要比其他人深得多。从 7 岁到 34 岁，他一直为同一个城镇俱乐部效力，有时要 1 周 3 次跑到约 120 千米（75 英里）外的地方去练习和比赛。在这个俱乐部中，没有人获得报酬，而且与其他球队不同的是，他们也没有任何前职业球员可以依靠。然而彼得的球队赢得了荷兰业余联赛的冠军，而且是两次。他一次又一次地拒绝晋升，这样他就可以留在荷兰，留在团队中，这意味着他要一直担任不那么吸引人的普通管理角色。他的信念是"每时每地都在进行冠军联赛。"

对彼得来说，"冠军联赛"意味着在与每名球员建立牢固关系的同时，进行最高水平的比赛。今天，有 200 多名经理为他工作，他对自己设定的工作目标之一是：以个人方式与所有经理人保持联系。与人亲近是他的领导风格，不管是在足球场上还是场下。必要时，他会站在更高的位置上引领全局，但他真的很喜欢作为球队的一员关注全局。

要说清楚的是，彼得的信念并不是真的去打冠军联赛。这是一个比喻，提醒他以自己的方式进行工作。信念会出现在我们的激情之中，这是因为激情就是信念的表达。那些激励我们的事物或者我们所热爱的事物，已经建立了一套复杂的经验、智慧和心态体系，强有力地表达出引领我们的信念。

有一次，彼得离开荷兰，成为泰国办事处的二号领导。他的管理团队并不出色，但在面试了许多外部候选人后，他意识到自己已经拥有最后的团队。所以，他决定全身心地拥抱自己的信念，并以此为基础进行领导。就像他在荷兰那支没人期待的球队一样，最终他的团队彻底扭转了战局。

克劳迪奥（Claudio）——水上飞行

本章最后一个案例，让我们回到信念的力量与我们每个人的矛盾体中。

克劳迪奥的信念是"水上飞行"。我知道这几个字的意思，但这个表达让我毫无头绪。他的信念是矛盾的，但是一开始并不是这样。他花了好一阵子才想出这个信念表达方式，之前他的信念表达一直卡在"为公司和行业创造价值，同时让人们的生活更加幸福"上。记住，你的信念必须能够应用在你生活的所有方面。我们在生活中的所有方面都在进行领导，而不仅仅是在工作中。当然，幸福是一件好事，而且显然这是他信念中的重要因素之一。然而，和许多公司高管一样，他也陷入商业心态中无法自拔。他是一个非常严肃的人，传递幸福似乎不是他的独特礼物。当问起他的家庭时，我了解到克劳迪奥有一个有特殊需求的儿子，二十多岁，和他以及他妻子住在一起。

那么，他的信念究竟在哪里？显然，他的儿子可以说是他的熔炉经历，但克劳迪奥并不这么看。回忆童年的神奇时刻也没有什么效果。但是，克劳迪奥很喜欢游泳，这是他成长过程中最喜欢的活动。当他的儿子诊断出疾病、生活越来越艰难时，游泳成了他寻求宁静之地。

克劳迪奥喜欢的不仅仅是游泳，他喜欢的是那些很少能体验到的东西，如游泳时在水上飞翔的感觉。在那一刻，水消失了，他可以一圈接一圈毫不停歇地游行。没有"水上飞行"的体验，他的所有努力都不会让他感觉到有太多意义和满足感。当整个小组——都是熟悉他的同事——听到这些时，他们说："这就是你，这就是你带给公司会议的真正礼物，别人无法做到。你让不可能成为可能，并让它看起来毫不费力。"他的回答是："是的，有时就是这种感觉，但正是多年来的日常实践使它成为可能。"你可以看到，克劳迪奥的自律、承诺和业务能力结合到一起，形成了他的信念——"水上飞行"。

意识到这一点，他的整个职业生涯都变得有意义了。比如有一次，他不得不关闭一些在法国的工厂。在世界上所有国家中，法国是关闭工厂最困难的地方之一。其法律制度让解雇工人成为一件难事。他们公司在法国的工厂太多了，克劳迪奥被指派负责这项工作。他决定在法律介入之前先与工会分享这个计划。克劳迪奥告诉他们，为了加强业务，公司必须关闭一些工厂，这是艰难时刻。反对声十分强烈。克劳迪奥成为公司里最不受欢迎的人。建立新的组织架构需要一年多的时间，每天都需要纪律与耐心。其间还发生了一次骚乱，管理团队被困在了办公室里整整一夜。慢慢地，克劳迪奥说服工会同意这些计划，甚至帮助他执行这些计划。其结果是，该业务多年来的增长遥遥领先于市场。当克劳迪奥离开的时候，他进行了一场演说，标示着对公司里的所有人来说，克劳迪奥已经从最糟糕的存在变成了最好的存在。一直以来，游泳都是克劳迪奥的老师，"水上飞行"就是他的核心所在。

长期坚持的深度激情，是接近信念的第 3 个切入点。对一些人来说，这些经历是我们带给世界的独特礼物的缩影。无论我们是通过激情、童年记忆，还是通过回忆熔炉时刻来找到我们信念，其挑战都在于：如何实现它并以它为基础进行领导。

思考

我们每个人的生活中都有激情，这些追求激发了我们每个人的好奇心。当你回顾你的生命旅程时，想想那些一直留在你身边的事物。就像我们的信念永不消逝一样，这些激情也会伴随我们一生。除了我们真心喜欢，这些活动可能并没有其他任何优点。你的激情并不一定是你最擅长或最能获得收入的事情。

1. 你的激情是什么？（烹饪、拉小提琴、唱歌、跳舞、绘画、航海，等等）

2. 描述一个你全身心投入的激情时刻。

3. 描述另外两个你全身心投入的激情时刻。

4. 你在这些时刻中的感觉如何？

5. 在这些时刻中，你是谁？

第二部分

找到你的信念

第六章　那么，你的信念是什么？

人生路

你跟随着一条线。

它游走于变换的事物之间。

自身却不会改变。

人们想知道你在追求什么。

你得解释一下这条线。

但是他人无法看到。

只要你手持此线就不会迷失。

悲剧发生了；人们受伤或死亡；你在痛苦中老去。

你无法阻止时间的流逝。

但是，你从没放手过这条线。

——威廉·斯塔福德 (William Stafford),

《人生路》(*The Way It Is*), 1993

与其建议你等到这本书的结尾，不如现在就进入获得信念的环节。本书的后半部分写了很多领导者的信念对其自身生活产生的巨大影响。了解你自己的信念将使后面的阅读更有意义。

威廉·斯塔福德的诗句抓住了信念的精髓。信念不会改变，它正等着引领我们走完这一生。你必须找到它，一旦拥有它你就不会迷失。在最后几行引人入胜的诗句中，斯塔福德提醒我们，当生活中的一切都被剥夺时，我们也绝不能放开这根线。因为这就是"我们是谁"的核心本质。

现在，让我们找到你的线！

准确的信念表达是什么

面对起草"完美"的信念表达这一任务，大多数人都会僵住。许多人又回到了充斥着任务宣言和高级术语的舒适区。为了帮助你走出僵硬的思维定式，我们从一个不寻常的例子开始寻找工作。

我很少对他人的信念表达感到惊讶，但这是我第一次看到数学方程式的表达形式。我们为什么要把自己限制在语言上呢？使用数学表达式也可以啊，因为里基亚（Rikkya，她在阿姆斯特丹的一家银行工作）是一个令人难以置信的书呆子兼数学家。

里基亚——输入 = ∫数据 * 人们 @我

（RIKKYA—Input = ∫Data * People @me.）

为什么这是里基亚的信念？

我是数据和人的整合者。在工作中，这意味着我和我的团队会分析数据以确定节省成本的可能性。然后，我们与企业合作，实现这些目标，提高公司的成本收益率。

在我的个人生活中，这意味着从创办书呆子俱乐部到和我的合作伙伴一起观看纪录片。我喜欢数据，喜欢和人一起工作，喜欢看到这二者组合的产出。这就是书呆子的力量。

你可以看到并感觉到，对里基亚来说这一切都是一个有机整体，并且具有重要意义。她拥有写下这个方程式的信心，她正在用她对数学的热情作为实现自己信念的钥匙。

有时，我会认为每个人的信念都像是灰姑娘的玻璃鞋。它不是标准的36码，它适合且只适合一个人。然而，许多人就像灰姑娘的继姐妹一样，试图将自己的脚塞进别人的鞋里。我相信每个人都拥有天生的"嗅觉测试"，可以识别出哪些是真实的信念。然而，这些年来，我见过太多不真实的信念表达。以下是一些不好的例子：

- 帮助我的团队成功，同时自己也获得成功；
- 帮助你释放你最大的潜力；
- 获得成功，打造世界一流产品；
- 利用多样性赋予你更多力量，就像我对自己做的一样；
- 不断促进自己和他人的成长、发展，进而取得优异的业绩。

这些词句都是正确的，而且还有很多。我必须承认，很久之前我帮助领导者们创造了很多这样毫无意义的陈述。想出一个包含所有正确的人力资源术语同时又毫无意义的信念表达，是件很容易的事。这些词句本身并没有问题，但当你要求他们解释这些词句时，就完蛋了。当他们站在人群前说出这些话时，人们没有任何反应。因为太无聊了。你可以从领导力流行语列表中随机挑选出一组词组成一句话，效果没什么两样。我花了好几年时间才弄明白如何帮助领导者创造信念表达，让他们能够通过这句话进入只属于自己的独特信念空间。

我还记得艾伦（Allen），一位高级领导人，他最初是这样表达他的信念的：

获得成功，打造世界一流产品

艾伦是这样解释他的信念的："一个人必须永远是世界级的，要不然有什么意义？我领导的原因就是为了获得成功。"他的话就像来自典型的领导力训练课程，毫无真实性。更糟的是，在他的表达下这更像是个问题，问我他的表达听起来是否足够好。第二天，我们终于站稳脚跟，得到了艾伦最新的信念表达：

艾伦——探索者，将我们带到无路之处，并将我们平安带回家中

为什么这是艾伦的信念？

在我的一生中，我总是发现自己身处每个人都会感到迷茫的地方，包括我自己，这可能发生在旅行中，也可能发生在我们进行技术项目时。总有一天，我们面前会无路可走，但我必须引领团队继续前进。每一步我们都会学到一些以前不知道的东西，不久我们就会发现一条新路。

就在前一天，艾伦和我经历了可能 20 次的推倒重来，然后才找到了探索者这个比喻。当我们引导出这个词时，我们意识到这就是他的信念所在——我们试图接近他的信念却无路可走。当他向他的团队传达自己的信念时，团队成员们的反馈是："没错，这就是你。"

你真正的本质需要从这些文字中显露出来。如果我们使用最新的流行术语来定义我们的信念，结果会变得一团糟：信念将会和其他领导力时尚概念一样，人手一个，然后被扔进垃圾堆。

这里还有一个另类的信念表达方式：

麦克斯（Max）——我是一个 🧱 诗人，使用词句，我能够在 🧠 和 ♡ 之间搭起一座 🌉。

为什么这是麦克斯的信念？

小时候，我非常喜欢玩乐高积木——建造、分解、重建——直至我认为建筑物完成。有时候它会成为具体的东西，有时候它充满了想象力。

这之后，我对乐高的热情逐渐转变为对写作的热情——玩文字、写、删除、重写——直到我认为这首诗已经完成。有时它包含着清晰的信息，有时它充满了想象力。

在寻找信念的过程中，我发现我对写作的热情与对待工作是相同的：努力传达高质量成果，运用想象力（因此才使用图片），寻找方法表达、组合思想，建立人们想象不到的联系。这些都是我的经历体验，通过这种做法，我将自己与他人联系在一起，并产生影响。就像一个乐高诗人，用语言在头脑与内心之间架设起一座桥梁。

是的，在你的信念表达中使用文字之外的东西也是可以的。请注意这个案例中图片的巨大力量。顺便提一句，令我惊讶的是，很多人都有玩乐高的童年神奇经历，并最终成为他们信念表达的一部分。

对一些人来说，电影为我们的信念提供了一个很好的切入点。绝地武士、星舰船长、屠龙者等，这些比喻会从我们童年的神奇时刻或激情故事中浮现出来。例如，迈克尔（Michal）是一家《财富》500强公司的某国负责人，他在一部棒球电影中找到了自己的信念。

迈克尔——打好魔球（Moneyball）

为什么这是迈克尔的信念?

挖掘弱势团队、组织、品牌的潜力。与较弱或机会较少的团队合作,通过分析、收集观点,制定策略并使之成为现实。同时,在战略战术上做到务实、灵活。掌握逻辑、概念、方向,但在执行、活动中寻求帮助。不是(总是)和团队在一起及分享情感,而是一直在幕后计划和支持。吸引尽可能多的优秀的、但被低估或尚未发掘的人才、资产、市场。享受达到目标的过程,一旦看到目标即将达成,就要做好下一步计划。为了达成目标,需要进行尽可能多的交流,但不享受聚光灯下的生活。

当我和迈克尔合作时,处于劣势这条线一次次地出现。在成长过程中,他会有意识地加入劣势团队,并享受颠覆现状的乐趣。《魔球:逆境中制胜的艺术》(*Moneyball : The Art of Winning an Unfair Game*)由迈克尔·刘易斯(Michael Lewis)著写,随后还以这本书为基础拍摄了同名电影。这两部作品都很好地描述了一种观察世界的特殊方式,迈克尔从中找到了自己的信念。迈克尔与刘易斯描述的最优秀的奥克兰队经理比利·比恩(Billy Beane)一样吗?当然不一样。但这不是重点。这些词句是一把钥匙,而不是信念本身。每当迈克尔谈到自己的信念表达时,他都会露出大大的笑容,然后再回到信念本身。

有些人会将信念表达保存在一个箱子里,以便安全保管。吉尔特(Geert)是一家大型跨国银行的财务部主管,他有一个独特的信念表达:

吉尔特——继续发掘奖牌

为什么这是吉尔特的信念？

历史、公司历史和公司记忆都与我的心紧密相连。如果你犯了错误，这并不重要，重要的是让我们从错误中吸取教训，不要再犯。当我还是个小男孩时，我发现了第一次世界大战的奖牌，这激发了我对这段历史的学习激情。这是一个终身训练之旅的开始，不仅自身要进行学习，还要指导他人。

当吉尔特告诉妻子他的信念时，他妻子问了一个我们都想知道的问题：他还有那块奖牌吗？当吉尔特回到家时，他给她看了那枚他为安全保管而存在盒子里的奖牌。

现在，收集奖牌的小男孩已经成为一家非常成功的银行的主管。

要明确的是，引导你的信念表达不需要太刺激或太显眼。大卫·霍普利（David Hopley）是我认识的最有信念感的领导者之一，他一生中的大部分时间都是作为一名士兵度过的，最后以英国特种部队第二指挥官的身份结束了他的军事生涯。

大卫——成为岩石上的灯塔，鼓励你成为真正的自己

为什么这是大卫的信念？

灯塔——我经历了很多"黑暗时刻"，既有职业上的也有个人层面上的（例如，在我的指挥下失去生命的士兵；我的第一任妻子突然去世；我的一个儿子差点死去，另一个则因为性别认同处于痛苦之中）。但不知如何，我总是能找到回来的路，并帮助他人（包括个人和单位／组织）找到他们自己的路。

岩石——这就是我妻子克莉丝汀和我的孩子们描述我的方式。有趣的是，我手下的至少3位将军也用"石头"来形容我。他们说，这是我履行职责的方式，也是我的存在对组织的意义。

鼓励——在学校时我受到了身体上的欺凌，部分是因为我的阅读障碍和超重体重，这之前我一直受到言语欺凌。加入军队是解决这一问题的第一步。我不仅加入了正规的军队，还加入了对身体要求最高的英国皇家陆战突击队。我参与过两次突击队课程，第一次是作为新兵，两年后是作为教官。四年后，我被选进英国海勤部队（Special Boat Service，相当于美国海军海豹突击队）。鼓励的关键是给予他人勇气和力量，让他们成为真正的自己，而不是为了给他人留下深刻印象或防止自己被欺凌。

你可以说大卫的信念表达中包含了很多类似人力资源的词汇。的确如此，但当思考这些词句出现的原因时，你会发现自己置身于一系列强大而丰富的生活体验之中，这些经历正是那些话语想要传达的。每当大卫讲述他使用这些词句的原因时，我都会感觉自己进入了一个神圣的地方——他的信念领域。

列举这些例子，是为了帮助你扩大选择的范围，并最终精确地表达出你的信念。这一系列信念表达都有一个共同点。每个信念表达都做到了以下几点。

① 抓住了自己带给世界的独特礼物；

② 来自于自己的生活经历（童年的神奇时刻、熔炉经历、激情）；

③ 利用了对自己来说拥有深意的文字 / 符号；

④ 使用最少量的文字 / 符号；

⑤ 每重复一次，你都会进入自己独一无二的信念之地。

现在，轮到你了。

定义你的信念

下面 5 个步骤可以帮助你获得你的信念表达。我们每个人都有进行这个思考练习的偏好方式。比如，我感觉使用便签本十分有帮助；对其他人来说，可能使用键盘输入能够获得更深层次的思考。不论你喜欢哪种都可以，重要的是给自己时间去思考。航行中的飞机是我最喜欢的"思考"地点。

我向你保证，你在这五个步骤投入的越多，你的信念回应的就会越多。如果你坚持进行每章最后的思考练习，那就太好了——你已经先人一步了。如果你还没这么做，那让我们现在开始吧。

步骤 1：童年的神奇时刻

对一些人来说，重新记起这些时刻十分容易。就我个人而言，我花了很多年时间才接触到自己的神奇时刻。如果你能回忆起自己的这些时刻，那就继续本步骤。如果不能，请移步到步骤 2。你可能在第 3 章末尾已经思考过这些问题，现在你要花点时间写下更多的细节。

1. 当你还是孩子时，什么活动或哪些时刻让你感受到了最大快乐与满足？（这可能是一个特殊时刻、一个特定活动，或者一系列经历。）

2. 具体描述其中一个时刻，要有大量细节。把这一切都写下来，你就好像又回到那个时刻一样。可能会包括：

a. 有没有其他人，有的话是谁；

b. 哪年的什么月份或季节，是早晨、下午还是晚上；

c. 当时还有什么其他感官体验，声音、气味、味道等；

d. 你当时的感觉如何。

尽量写，写得越多越好。我们希望你能百分之百地回到那个时刻，充分体验。

3. 你讲述的故事（时刻）的重点与关键因素是什么？

4. 当你回忆起这一刻时，你的情绪如何？

步骤 2：熔炉时刻

对我们中的一些人来说，信念会体现在我们最具挑战性的经历中。通过观察这些经历，我们可以发现自己独特的克服困难的方法。虽然你可能在第四章末尾已经思考过这些问题，但现在还是要花点时间增添更多细节。

1. 描述两到三个你自己的最具挑战性的经历。可以是你的生活经历，也可以是你的工作经历。这里有两点建议：

- 选择那些过去发生的、但现在对你没有直接影响的经历。这些经历要有开头（一切都很好）、过程（具有挑战性的事件）和结束（事情恢复正常或变得更好）；

- 一直不停地写下去，直到在黑暗中看到了信念之光。

2. 你内心深处的哪些东西是走出这些经历的关键？

3. 这些经历给你的领导角色带来了怎样的礼物？

步骤 3：生命中的激情

我们每个人都有一系列能够带给我们更深层次喜悦感和满足感的活动。正如我们在上一章中讨论的那样，我们会以不同方式进行这些活动。对其他人来说琐碎的日常劳动，可能会为我们带来活力与能量。你可能在上一章已经思考过这些问题，现在花点时间写下更多关于激情的细节吧。

1. 当你回顾你的生命旅程时，想想那些一直留在你身边的事物。就像我们的信念永不消逝一样，这些激情也会伴随我们一生。除了我们真心喜欢，这些活动可能并没有其他任何优点。你的激情并不一定是你最擅长或最能获得收入的事情。那么，你的激情是什么呢？

2. 描述一个你全身心投入的激情时刻。

3. 描述另外两个你全身心投入的激情时刻。

4. 你在这些时刻中的感觉如何？

5. 在这些时刻中，你是谁？

步骤 4：进入信念的领域

我保证你能进入信念的领域。这是什么意思？我们每个人都有一个充满活力的地方，在我们的眼睛里闪烁着，而我们的独特礼物——信念——就存在于那里。虽然我们还不知道如何进入这个地方，但这确实是个好地方。在我们的有生之年，我们每个人都曾多次踏进这个领域。那些完全从自己信念出发领导的人，大部分时间都是在这个地方工作的。我们花在这里的时间越长，离开时的感知就越明显。

我们的目标是纵览自己诸多的个人经历，并从中寻找出自己的独特模式：

1. 当你进行步骤 1 到步骤 3 的练习时，哪些内容让你露出最多的微笑？

2. 写下与你微笑相关的词语。

步骤 5：你的信念表达——找到贯穿你信念的那根线

根据你目前已经掌握的信息，让我们一起完成你的信念表达：

1. 把你在步骤 4 中获得的关键词串在一起，创造信念表达的第一版：

引领我的信念是：＿＿＿＿＿＿＿＿＿＿＿＿＿＿＿＿＿＿＿＿＿

＿＿＿＿＿＿＿＿＿＿＿＿＿＿＿＿＿＿＿＿＿＿＿＿＿＿＿＿＿＿＿

2. 此时，你可能已经弄清自己的信念；也可能掌握了四五个真正重要的关键词，但句子表达并不清晰。别担心，让我们继续下一步：

逐个解释这些关键词，它们为什么对你来说很重要: _____

_____

3. 阅读你写下的内容，思考是否有更好的词语能够定义你的信念。如果有，写下来。

引领我的信念是: _____

_____

如果你找到了可以让你真正微笑的语句，恭喜你！如果你还在对词句进行排列组合，不要紧，给自己一些时间。我们还准备了一个有力的可选步骤。

可选步骤：与身边人对话

不管你是否还在为寻找信念表达而苦恼，这个练习对你都有帮助。你身边最亲近的人对你带给世界的独特礼物有着深度了解。虽然这一步看起来很简单，但它能产生巨大的影响力。那些和你一起工作的人——家庭成员、导师和珍重你本身的前同事——可以轻松说出你的独特礼物。所以，你应该向你的配偶、朋友和现在的工作伙伴询问：

1. 如果我明天消失了，被一个拥有同样才能的人取代了，你最怀念我的什么？

2. 你认为我对我们共同工作的独特贡献是什么？

向你以前的工作伙伴以及有一段时间没见过面的朋友们询问：

1. 在我们的共同冒险中，你最怀念我的什么？

2. 你认为我对我们共同工作的独特贡献是什么？

记录下回答中的共同点。将这些共同点与步骤 5 中的关键词进行对比。然后对你的信念表达进行调整，记住：最重要的东西就存在于信念领域之中。继续与这些词句玩耍，直到你感觉正确。在过去的十年间，我已经改变过 3 次这些词句。同一个信念，同一个房间，只是钥匙不同而已。所以，如果你想要对自己的信念表达进行升级，请随意。现在，是时候停下我们的工作，去体验一下他人的信念旅程了。

第三部分

管理赋能：

信念的影响

第七章　影响：显著提升明确性、专注力和信心

如果你不知道引领自己的信念，那么你认为什么事不会发生，或者说你认为自己不会经历什么？

让我们将注意力从信念的定义转移到信念的影响，在此我要分享一下我在为本书进行的 75 个访谈中最惊奇的一刻。当我第一次询问本页顶部这个问题时，我只是单纯地为了满足自己的好奇心。然而，我发现人们总是会停下来，认真思索这个问题。他们的回答让信念的长期影响变得愈来愈清晰。当问到"如果不知道自己的信念，会失去什么"时，这 3 个词就会蹦出来：明确性、专注力和信心。

事实证明，无论在什么事件或环境中，那些能够进行信念领导的领导者，他们的明确性、专注力和信心水平都会显著提升。

让我们再次与雅基对话，在熔炉那一章我们分享过她的故事。她对这个问题的回答是：

我们只会得到一些普通的工作成果。我们不会拥有足够的明确性与专注力，这会影响我们的财务状况。我会做出一些关于重要资源的明确决策，并确保 30 天、60 天的执行计划能够准时正确推进。我会对自己更有信心。

雅基——通过坚忍不拔，创造辉煌

我们生活在一个缺乏明确性、专注力和信心的世界。即使是一项平凡的任务也可能具有极大挑战性。有一次，我 15 岁的女儿蕾妮（Renee）让我买一盒奇兹饼干（Cheez-It crackers）带回家，我很高兴能做一件不会被她埋怨的事。我以为买盒饼干会很容易。

站在超市的饼干区，一个意外问题拦住了我的去路：12 种不同口味的奇兹饼干盯着我。我感觉我的明确性和专注力荡然无存，我的信心也在"在 12 种口味奇兹饼干中挑选一种并买回家"这个简单行为中消失殆尽。大约 5 分钟后，我发现一盒基础款的奇兹饼干被放在货架最下层，我赶忙拿出它并逃离了超市！（现在居然有 32 种口味了，如果放在当时，我可能一辈子也无法走出超市了。）

我的奇兹饼干购买经历有些滑稽，甚至有些愚蠢，但这说明了在现今世界中我们面对的选择范围是巨大的，从无关紧要的日常选择，到专业、工作、行动计划，都需要我们进行抉择。与购买饼干不同的是，这些选择中的很多都会对我们产生深远影响。信念可以引领我们，将我们带到一个明确、专注、自信的地方，以此帮助我们做出这些决定，尤其是我们不知道目的地在哪里时。

那么，拥有明确性，能够做到专注，拥有行动的信心，这些都意味着什么呢？这些词到底有什么意义？让我们从明确性开始。

明确性

明确性：clar·i·ty（'klerədē）

《牛津英语词典》：确定或明确的性质，它所需要的是信念的明确性。

(Oxford English Dictionary : the quality of being certain or definite : it was clarity of purpose that he needed.)

《牛津英语词典》中将明确性与信念联系起来的例句让我不禁微笑起来。这种情况会以多种形式出现。

米格尔（Miguel）——成为讲故事的队长，照亮人们

如果我不知道自己的信念，我就不会身居现在的职位，这是无疑的。在找到自己的信念之前，我一直身处不清晰的状态，没有计划地随波逐流。

当我开始信念领导时，就好像一直蒙在脸上的面纱被揭开了。这是一次超现实的体验。它明确了"我是谁"这个问题中的很多方面。一旦你找到了拼图，整个图画就变得有意义了。你对下一步要做什么有了更明确的认识。现在，我知道我在这里是为了什么。

当信念引领我们时，我们会更明确地体验到我们是谁，以及什么是真正重要的。或许我们每个人在没有可靠信息下做的最大决定就是我们未来要从事什么样的职业、扮演什么样的角色以及开展什么样的工作。那时，我们能获得的信息要比现实情况单薄得多得多。很多领导者向我讲述过接受某个职位或某份工作是他们生命中最大的错误。他们心里明白，他们并不打算留下来，但他们往往会在这个职位 / 这份工作上待很长很长的时间。

通过让我们与内在的核心进行接触，信念成了明确性的最大提供者。例如，道夫（Dolf）是这样解释的：

道夫——成为一个拥有无限好奇能量的园丁，去培育一个更美好的世界

知道了自己的信念，让我很清楚哪些东西是我不想要的。它将那些在你胃里翻腾的东西变得更加清晰，让你能够说出并谈论它。我不想当并购部门的主管。我想要的，是领导一群面对巨大挑战、急切渴望成长的人。我现在的信念是制造更大的影响，提供更广泛的社会服务。

很多高管会告诉你，他们的成功只是因为一系列的幸运而已。他们只是接受了现有选择，然后继续前进而已。有多少人在毫无计划的随波逐流？你是不是也只是接受了他人给你的工作，然后下一份，下下一份？还是说，你知道什么事对自己最重要，并努力实现它？对每个人来说，我们的生命能量——我们最宝贵的资源——是有保质期的，只是我们不知道具体日期。

在第一章，我们见到了乔斯坦·索尔海姆。他决定继续担任目前的职务，拒绝了升职，这就是最佳例证。信念提供的明确性，能让我们清楚地知道什么对我们来说是真正重要的。对乔斯坦来说，最重要的事就是在未来的五年里继续担任本和杰瑞公司的首席执行官。

在那一刻，来自我信念的明确性让我意识到，我必须继续留在本和杰瑞公司。我不能再错过任何东西了。我发起了一个为期10年的气候变化和社会公正的议题计划，光是定义就需要18个月。我们称之为"气候公正"。本和杰瑞公司的董事会成员及员工都会深度参与其中。

明确性一直是很多人缺乏的。我们都希望自己和工作伙伴能够拥有它，但它却很容易就消失不见。多年来，我参加了多次非正式交流，讨论什么是现在企业高管们所缺失的，当然，列表上每次都有明确性和专注力。几乎每一名参与者都抱怨说，缺乏明确性和专注力的"领导"会优柔寡断和刻板僵化。

专注力

当我们更加专注时，会发生什么？

专注力：fo·cus（'fōkəs）

《牛津英语词典》：适应当前的光线水平，使自己能清楚地看到事物。

(The Oxford English Dictionary : adapt to the prevailing level of light and become able to see clearly.)

请注意，这个定义考虑的是我们周围的世界。我们无法免疫周围环境带来的负面影响。随着 VUCA 世界的加速发展，5 年前还不存在的新参与者已经重新定义了整个产业；被选举上台的是我们过去无法想象的人；气候变化迫使我们重新计划我们的日常生活。我们深受世界大环境的影响。

信念无法保护你不受周围环境的影响，但它的确能够帮助你"适应当前的光线水平"——也就是说，让我们对周围世界拥有更深层次的信任——并且看到其他人无法看到的明确性。这是信念最伟大的礼物之一。还记得德克讲述的在黑暗中找哨声的故事吗，他是这样解释专注力量的：

德克——奔向未知，让我们找到哨声

信念可以让你不那么鲁莽，因为你知道自己早晚都会达到目标。不要着急，你在黑暗中待得越久，成功的可能性就越大。你要有耐心才能成功。如果在"未知"中停留多一点儿时间，回报会更大。

信心

Confidence（信心）这个词来自拉丁语，意思是"充分信任"。这与领导者们告诉我信念对他们的影响是一致的。他们说信念让他们对自己有了充分的信任，这在以前是很难做到的。我们都能回忆起自己充满信心的那一刻，以及那些我们希望这么做却没做到的时刻。或许我们可以在他人面前装出信心满满的样子，但内心深处我们知道自己不过是在虚张声势。

信心：con·fi·dence（känfədəns）

《韦氏词典》：一个人会以正确、恰当或有效的方式行事的信仰或信念。

（Merriam-Webster's Dictionary : faith or belief that one will act in a right, proper, or effective way.）

信心和明确性是不一样的。实际上，在结果不明的情况下，我们最需要的是信心。虽然信心并不能给我们带来无所不知、万无一失的能力。

我们发现，在业绩评估中，我们常常会用错信心："杰夫需要表现出更强的信心，对属下要求更高，在高管会议上也能直言不讳地表达自己。"这真的是对一个好领导的定义吗？我不认为拥有信心是一种特定的领导风格。当人们说希望某人更有信心时，他们通常是说希望他（她）更外向、更有指导性。这或许是他们的分内工作，但问题是，这并不是领导风格。没有哪种领导风格能够适应所有情况，但正如我们将要看到的那样，信念给了我们自由与信心，让我们能够驾驭各种领导风格。

重要的是，我们每个人都要相信我们正在做的事、我们领导他人达到的目标是正确的、合适的、有效的。领导者做的最多的，就是帮助身边人们拥有工作、行动的信仰或信念。

面对未知挑战时，仅仅对我们的行动抱有信念，就已经赢下了一半的战斗。我们给自己讲的故事与周围的一切同样重要。克里斯蒂娜·哈比卜——她与我们分享了她关于风筝和火箭的神奇时刻——说得非常好：

克里斯蒂娜——激励放风筝的人制造火箭

信念领导帮助我获得了走出舒适区的信心。它源于一种"真实"的信念，即任何事都可以变得比以前更好。我所获得的信心可以帮助他人克服他们的心魔，让他们的信念显现出来。它带来了明确性和一种温馨的社区感。我不是超人。我们都不完整，需要互相帮助、保持平衡。有趣的是，我的信心对那些只想放风筝的人有着有趣的影响，尤其是当他们意识到我在造火箭时！

来自信念的最普遍的礼物是高度的明确性、专注力和信心——这也是我们最希望得到的品质，尤其是当我们领导他人或者他人领导我们时。明确自身信念的领导者拥有更高层次的这几种特质，这并不是巧合。多年来，我一直把信念解释为一副独特的眼镜，让我们看到别人无法看到的东西。当你戴上这副眼镜时，眼镜可以提高你的专注度，让你看得更加清晰明确，进而让你有信心采取符合你信念的行动。

在这本书的剩余部分，我们将进行一次伟大的旅程——探索信念领导的全部影响。明确性、专注力和信心如此普遍与重要，以至于后面每一章都可以贴上"专注力的明确性以及行动的信心"标签，但我还有更多东西要与你分享。它们中每一个都很重要，都值得单独拿出来说一说。

成长

实现信念领导拥有推动组织变革、产生奇迹般业务增长的潜力。其关键是"成长心态"（growth mindset）。这是一种信念，即我们的智力和能力不是停滞不前的，它们会随着我们的前进而不断发展。如果你找到了自己的信念，你就有了成长心态，这种心态反过来会加深你与信念之间的联系。当我们将其应用到工作中时，我们就会看到所有企业都渴求的那种业务增长。

真实性的关键

信念的礼物之一是，它能让我们将过去发生的事件，与我们现在是谁，以及我们未来会成为什么样的人联系到一起。通过信念，我们能够穿越时间纵览我们的人生旅程，并充满信心地成为真实的自己。信念不仅仅是真实领导力的要素之一，还是通往真实领导力之路。

站在坚实的地面上

你的信念并不依附于某一专业、特长或角色，它是不会改变的。如果我们承诺由信念引领自己，我们就会发现职位或角色无法再定义我们。我们的身份是由信念确定的。

能量的真正来源

拥有能量时，我们就能应对任何情况；精疲力竭（缺乏能量）时，领导就会变得很难，真实领导力更是如此。所以，一定要理解为什么说信念是我们能量的根源。

积极的压力

信念将我们的关系转变为压力，并帮助我们从"威胁应对"模式（threat response）转化为"挑战应对"模式（challenge response）。这一转变使我们能够迎接机遇、增强自信，并进入信念的领域。

选择难做的正确之事，而不是容易的错误之事

我们的信念指引着我们向更深层次的真理前进。真正的领导，就是要去没人去过的地方。了解我们的信念，可以让我们有能力更清晰地看到我们选择的现实，而这一切会反过来赋予我们信心与勇气，去选择难做的正确之事，

而不是容易的错误之事。

信念与幸福

为了幸福而追求幸福，关键是在当下要感觉良好。从信念出发能使我们整合过去、现在和未来，并看到我们所走道路的更深层次意义。

拯救世界，拯救你自己

我们在自己帮助或服务的人身上获得了自身信念的回应。然而，只有将信念应用到自己身上，我们才能最终"回家"，并具备以高度一致性进行信念领导的能力。

让组织信念发挥影响

当领导者的信念与其组织相一致时，奇迹就会发生。对这种一致性的考验是残酷的，不一致的负面影响是不容忽视的。我们将会研究其中的四大关键要素，让这一切能顺利运行。

掌控信念领域

你是身处信念领域之中，还是那些"既不知道胜利也不知道失败的冰冷胆小的灵魂"之一？这是一个有力的问题，抓住了信念领导的实质。许多人回答"是的"，我们希望以信念为基础进行领导。然而，对于我们中的一些人来说——包括我自己，我的故事你们已经读过——实际情况是，我们的信念一直在等着我们。掌控信念的挑战，就是要全身心地倾听。在最后一章，我们会揭示真正掌控信念的秘密。

现在，让我们从"你可以依靠的成长"开始。

第八章 影响：实现真正的全面成长

我被另一家公司邀请担任首席执行官。但我看到他们没有真正准备好以我期待的水平成长，于是我说不。我不会接受这个职位……它不符合我的信念。

——巴勃罗（Pablo）

每个人都认为我疯了，从一位数到两位数增长，我们做到了。其关键是创造一种可扩展的野心，它要疯狂得恰到好处：既不会疯狂到让人们否定，又疯狂到足以鼓励人们以不同的方式思考自己要做什么。

——简（Jan）

我收集了许多神奇的商业增长／成长故事，这些故事都与领导者的明确信念相关。令人惊讶的是，这种情况常常发生，但数字并不是衡量实际增长的真正指标。你可以依靠的真正成长，是发生在内部的。但积极成果往往是作为信念领导的附带收益显现出来的。让我们从以下几个类型的例子开始：以其他人认为不可能的方式实现业务增长／成长。每个人都贡献了自己的独特礼物，共同实现了不可能。然后，我们看到了你可以依靠的、真正的成长。

改善人们生活，提高生活底线

伊赫桑——改善普通人的生活

伊赫桑·马利克（Ehsan Malik）的信念很简单，但他对巴基斯坦的很多人产生了巨大影响。他的信念是"改善普通人的生活"。2006 年，他成为联合利华在巴基斯坦的负责人。这也是塔利班在该地区兴风作浪的艰难时期。从 2006 年到 2016 年，伊赫桑让业务增长了 400%，利润增长了 500%。

当伊赫桑接受这份工作时，他从自己的信念角度进行了审视：当地普通人根本没有机会购买他的产品。2006 年，在巴基斯坦，十分之一的儿童会在 5 岁之前死亡。如果能向儿童提供每天洗手的肥皂，就可大大减少儿童的非正常死亡率。对我们来说，洗发水是在普通不过的生活必需品。但在巴基斯坦农村，洗头只能用肥皂；你可以试试用肥皂洗头，看看你的头发有什么感觉。在 2006 年的巴基斯坦，伊赫桑销售的所有商品都只摆在大城市的商店橱窗里。

伊赫桑的脑子里并没有业务增长这件事。他考虑的是如何与农村地区的人产生联系，帮助他们过上更好的生活。今天，联合利华的"可持续生活计划"是针对世界范围内的贫困援助，但这个计划在未来 3 年内都无法实现，而伊赫桑不是那种能等待的人。

伊赫桑将销售规模从已有的 10 万家店铺扩展到 30 万家店铺，其中大部分新增店铺设在没有香皂和洗发水可买的地方。他发起了一场广告活动，帮助偏远地区的人们了解使用洗发水的好处。当地人们兴奋无比——他们的头发柔软得不同以往。伊赫桑强烈支持他团队的想法，不仅宣传使用香皂对儿童健康的好处，还教育母亲们要定期使用香皂。一年后，一些村庄的医生对他们推广的香皂感到十分愤怒：他们的病人大大减少，因为孩子们不再生病！对伊赫桑来说，这就是他的信念。那些"普通人"就是不再生病的孩子、头发更加柔顺的女人，以及那些自豪地经营日常消费品、成功养家糊口的男人们。

经历了辉煌的一年后，公司团队想通过团队建设活动来庆祝。他们极力要求去一个豪华度假胜地，作为他们这一年奋斗的奖励。但伊赫桑笑着告诉他们，所有人都要深入巴基斯坦农村，和贫穷的消费者一起生活一个星期。他们要住在那些人的房子里，观察他们一天的活动。他们刷牙吗？他们如何保存奶牛产的奶？"他们在生活中做了什么，我们如何帮助他们？"这就是他的行动号召。如果你要求团队成员和贫困家庭一起生活，观察他们数千个生活片段，并连续10年，你也能获得巨大的商业成功和影响。在这家巴基斯坦的大型跨国企业中，大部分的高级领导层都是女性（伊赫桑的前任和继任者都是女性，管理委员会的大多数成员也是如此）。实际上，这种信念导向的领导方法，改善了普通民众的生活方式，进而推动联合利华在巴基斯坦培训了数千名女性农村企业家，让她们通过家庭沙龙推销公司产品。这些妇女有了收入后，会将其用于教育自己及兄弟姐妹、照顾年迈父母、改善自身家庭生活条件等。这是一个很好的案例，说明有信念的行动可以对社会产生多种积极影响。

伊赫桑完全明白，没有了信念，他将是一个迷失的灵魂。如果不把重点放在造福普通人上，那么他的工作会容易很多。他本可以在大城市与竞争对手硬碰硬，获得每年10%的健康成长——虽然这样做的结果会很悲惨。他所追求的成长不仅仅是其他人所追求的数字。他的成长也是巴基斯坦国家和人民的成长。这就是他让业务增长400%的方法。

韧性与聪慧的成长

在第四章中，雅基向我们展示了如何通过熔炉时刻寻找到自己的信念。如果我们将雅基的信念"通过坚忍不拔，创造辉煌"放在收入和业绩评估指标下，会得到什么呢？为了找到答案，我回到雅基那里并询问了这个问题。我很想知道她的答案，因为她在第四章分析的故事都是围绕如何在困境中成长的，并没有提到上述几点。

雅基——通过坚忍不拔，创造辉煌

2012 年，雅基决定接受考验——担任一家大型家装零售商的新西兰区域经理。

当她告诉一个朋友这个好消息时，她的朋友笑道："你到底对木材了解多少？"在那一刻，她意识到自己竟然对木材一无所知。

2002 年，该公司收购了新西兰第三大家装零售商，但最初的热情很快就被现实泼了盆冷水。在澳大利亚，这家公司的品牌就是家装的代名词；但在新西兰，民众对他们一无所知。经过 10 年的艰苦努力，雅基的前任罗德（Rod）已将销售额增长到了约 5 亿新西兰元。这是一场艰苦的战斗，但仍与他们所期望的结果相差甚远。另一方面，澳大利亚的生意又太诱人——他们是零售业的宠儿，每两周就开设一家新店。雅基替代的，是员工眼中的家装大师——那时罗德正赶回澳大利亚，他得到了当之无愧的重要晋升。

雅基永远不会成为罗德，也不会精确地使用电动工具。之所以会雇用雅基，是因为雅基的新老板想要进行一些业务上的变化，直觉告诉他雅基有他需要的东西。问题是，雅基到底有没有？

让我们回顾一下她的信念，"通过坚忍不拔，创造辉煌"。"坚忍不拔"如何才能帮助她做好工作？雅基的方式不是进行收购或对新店进行巨额投资。相反，她专注于细节。她花了几个月的时间和每个人交谈——她的团队成员、商店员工以及顾客。她穿上一条绿色围裙，在商店员工旁边工作。当顾客不高兴时，他们如何应对？商品缺货，他们如何解决？渐渐地，她开始看出，哪些部门、店铺和团队能够运行得很好，哪些需要提高；她开始看出，哪些人有能力带领公司前进，哪些人不能。

在会议上，她注意到一些人无视面前的紧要问题和必需的改变。他们没有坚忍不拔的精神——雅基知道这是零售业转型所必需的。她意识到所有人的响应速度都要大幅提高。

她从一开始就深入到每一件事中，列举出哪些部门要优先改进。她进行了很多艰难的讨论，帮助那些勇于迎接挑战的部门领导，并放逐那些不欢迎改变的人。人们开始对业务发展感到兴奋。他们都知道自己的位置以及公司对自己的要求。"拥有正确期望的正确领导者创造正确的结果"就是她的做事方法。到 2012 年底，同一家店铺的销售开始出现 4%~6% 的增长。

雅基专注于所有的小事——这种积极行为极具感染力，并创造了螺旋式上升的成绩。她注意到，除了大楼的颜色外，商店的外观和感觉与竞争对手的毫无分别，同样的产品、同样的服务、同样的一切。但是她并没有进行惹人注目的改变，也没有大肆增加新的店铺。相反，她选择为顾客创造一种不同的体验——更明亮、更干净、更友好。

商店的销售稳步提升，在过去的 4 年里销售额一直保持在 8% 的增长。与此同时，商店数从 47 家增加到了 54 家，销售收入也翻了一番，达到了 10 亿新西兰元。所有这一切都来自于她的韧性：她一个部门一个部门、一家店铺又一家店铺地挨个进行工作，为顾客创造了比竞争对手更友好、更明亮、更干净的购物体验。

变革的动力之一是让人们知道他们所处的境地以及自己的开放程度。重要的是你如何获得结果。创造辉煌只是获得成果的感受。这就是我的信念带给我的……财务上的、互动上的，每时每刻。我充分利用信念到每件事上。我的信念将所有事都联系在一起。现在，我使用正确的方法让事情更难一些。坚韧与聪慧对我来说是一样的。

雅基每天都在实践。每天结束时，她都会思考自己的信念实现得好不好。

当她意识到在某个特定时刻或情景，她没有跟随信念的领导时，第二天她就会回到原地进行改正。

如果你经营一家企业，你就会知道：几个季度或者连续两年的业绩增长的确具有挑战性，但这些并不是真正重要的事情。获得短期增长是好事，但最难获得也最重要的，是长期持续增长。雅基的信念与长期持续增长完全一致（谈到持续增长，请记住，雅基的熔炉故事里一个新生儿和两个小孩无家可归。现在，她是一位骄傲的祖母，有 10 个孙子孙女！）

当雅基阅读我写的这些内容时，她要求我添加上团队的努力。没错，每个人都贡献了自己的独特礼物，共同获得了巨大成功。但问题是，如果我们不在那里，又会怎么样呢？如果你询问雅基的团队这个问题，他们会告诉你"坚忍与聪慧女士"带来了一些特殊的东西并创造了你可以依靠的真正成长。

拥有正确的成长心态

我们从这些神奇的商业成长故事中学到了什么？伊赫桑和雅基都没有将数字放在心上。在各自的领域，他们都具有巨大的创造性和创新性。他们都面临着相当大的外部挑战，以及来自组织内部大量的、持续的不信任和抵制。

你的信念表达中很可能并没有"增长 / 成长"这个词，在我的经验中，只有百分之一的人会这样。尽管如此，很多人找到自己的信念后，会对自己的业绩增长水平感到震惊。我有机会接触了数千名高管的自我评价——他们都已经在我们的项目中明确了自己的信念，并且制定了自己的信念领导计划。我最常听到的是："我当初写的时候，在设定目标上太保守了。"

要想更多了解信念对增长 / 成长的影响，可以看看卡罗尔·德韦克（Carol Dweck）的著作。在她的标志性著作《思维模式》（*Mindset*）中，她提出了"成长心态"并对之进行了定义。根据她的研究,我们看待这个世界的方式有两种:一种是成长心态,一种是固定心态。在成长心态中,我们相信我们的智力和能力可以在不断的努力和实践中发展成长。在固定心态下,我们相信我们的智力和能力处于一个固定水平,无法改变。我们都遇到过这样的人,他们认为你是谁就是谁,无法改变,要么接受要么放弃。令人惊讶的是,当我们赞扬孩子、称赞他们的天赋时,其实就是在强化固定心态。他们离开时会说:"我擅长 a、b 或 c。"当我们将他们的成功归因为他们的努力时,则是在强化成长心态,因为他们会这样想:"如果我努力的话,就会学会 x、y 或者 z。"

卡罗尔·德韦克的研究告诉我们,相信自己的智力固定的学生,会选择难度较低的课程,以证明自己是聪明的。这种观念会影响到他们生活的所有方面,包括他们选择的朋友和他们追求的事业。当面对冲突和压力时,他们会放弃友谊,而不是努力去渡过难关。另一方面,具有成长心态的学生看到,通过努力他们可以显著提高自己的智力和能力。所以他们不介意世界是否认为他们是聪明的,而是充分利用世界培养发展自己的聪明才智。困难被他们看成是成长的机会,而不是逃避的原因。他们二者的不同之处在于:固定心态的人更注重受欢迎和避免被拒绝,而不是冒险。

海蒂·格兰特·霍尔沃森(Heidi Grant-Halvorson)在《成功》(*Succeed*)一书中,对成功的原因做出了精辟的总结,这段文字与卡罗尔·德韦克的研究不谋而合:"在情人节,孩子们会为最受欢迎的那些孩子制作情人节礼物,希望能赢得他们的青睐。那些更倾向于避免被拒绝的孩子,只会为那些他们认识的、会回礼的孩子制作礼物。另一方面,那些相信自己会不断进步、成长的孩子,则倾向于发展更多的人际关系。他们会将情人节礼物送给那些他们想要更深入了解的孩子,进而打开友谊的大门。"

这些情况很有趣,但你可能很想知道,这些到底与信念有什么关系?事实证明，发现并遵从信念的引领，是开启成长心态最有效的方法。我见过一些持有固定心态的高层领导者，他们很脆弱；但在与自身信念建立深层联系后，他们的生活彻底发生了变化。信念重新界定了他们与工作之间的联系。在我们对信念进行的一系列访谈中，成长心态是所有访谈的共同主题。如果你找到了你的信念，你就获得了成长心态，这种心态会反过来加深你与目标的联系。

- 信念总是能提醒你下一件要做的事。

- 你可以实现目标，但你的信念总是能让你看到下一站的目的地。

- 信念定义了你是谁，而不是你的最终归宿。

- 信念不是目的地，而是你的旅程。

- 在旅途中摔倒并没有关系，因为路还在那里。你站起来重新前进，你的内心会知道你是否回到了正轨。

成长心态与信念一起产生的影响

菲利普（Philippe）——成为一名开创新世界的好奇演员

让我们从成长心态的角度，看一看菲利普的故事。这是一个很好的案例：信念催生出的成长心态对生活的所有方面都产生了积极影响。

菲利普的信念是"成为一名开创新世界的好奇演员"。"好奇"这个词来自他无比旺盛的好奇心——他总是忍不住要问别人没有问过的问题。"演员"（actor）这个词的意思是要采取行动（taking action）（不是被动的），以艺术的形式影响世界。"开创新世界"意味着他不仅仅要提出问题，还要创造建立新的业务和平台。这种新业务和平台可大可小，关键是奉献和影响，而不是守着头衔职位等退休。对他来说，"一切照旧"等于死亡——当他创造或研究不寻常的事物时，才会感觉到自己活着。

菲利普的第一份工作是在IBM。他受雇于市场营销部，但他想当的是销售员。他的老板拒绝了他的请求，但他一再坚持——开创新世界的机会不会放在盘子里端到你面前的。最终，他得到了6个没有人愿意处理的老客户，没有人能够和他们签订订单。信念这副眼镜很有趣。当你的信念是"成为一名开创新世界的好奇演员"时，你就会从更开阔的背景看待这一情况。菲利普仔细研究了这6个账户及其历史来往，他意识到，以前处理这些客户的人并没有看到更大的愿景。菲利普开始与这些客户交谈，询问问题，讨论发展战略，这是以前的IBM销售员从没做过的。随着时间的推移，他与这6位客户重新签订了订单，销售额高达1400万，此外还重新建立了一个拥有500家销售点的分享网络，这些成绩帮助他获得了欧洲地区的最佳新业务成果奖。

接下来，菲利普去了摩托罗拉，通过在法国市场建立一个新分部，他再次开创了新世界。又一次，好奇演员展示了他的魅力。通过向潜在客户提出问题，他迅速增加了1500万美元的销售额，更重要的是，他建立了一个由1500个销售点组成的全新分销网络，这让他和他的团队在新分部中脱颖而出，获得整个地区的最佳业绩。面对如此巨大的成功，摩托罗拉却决定将这些业务重新整合回公司的主流营销体系。这一举动传达的信息是："干得好；但现在你要当一个普通人，像其他人一样工作。"这让菲利普很痛苦。从某种角度上看，这就是组织中固定心态对成长心态的完美体现。这一新的工作角色意味着菲利普要远离冒险旅程，也无法再开创新世界。"我觉得我要死了，所以我拒绝了这份工作。那一刻，我对自己的信念有了更清晰的了解。"

对于一些人来说，明确自己的信念会让成长心态变得更加活跃。在我所有的采访中，我从没有听说从成长心态回到固定心态的信念表达。

菲利普无法控制自己。每当他接受一份新工作，他就会透过信念的滤镜，思考"我要做什么"以及"我为什么要这要做"。有些人认为他很有创造力，但他觉得自己只是在问别人不想问的问题。"我问了非常简单的问题，我的心态引导我重新定义我应该做的工作，进而重新定义我负责的整体业务。"

菲利普将一头紫色的奶牛设为自己的手机壁纸。对菲利普来说，赛斯·高汀的《紫牛》（*Purple Cow*）（一本伟大读物）讲的是：大多数人的工作，只是在奶牛场里创造一头毫无不同的母牛。如果真的有紫色的奶牛，会怎么样呢？菲利普团队的口号是："让我们找到紫牛！"

"如果我没有真正成长，我会感到不开心。所以我忙碌在不同的世界中——工作并不是唯一的舞台。"就像很多人一样，有时工作并不能给菲利普带来表演的舞台。所以，我们要在生活的各个方面都遵从信念的领导。

将成长心态带入你的个人生活

无论是否能成功地形成自己的信念表达，我们中的很多人都会从信念出发进行工作。但我们也要有意在个人生活中培养成长心态。对菲利普来说，信念的明确性对他与女儿的关系也起了非常大的帮助。"我在成长，并将信念应用在我关心的人身上……新的世界和舞台对我来说真的很重要。这是我知道的我的信念的最大不同点。现在，我每周会花3个小时，通过一个小故事为我的女儿创造一个新世界。还有什么，能比把我们的独特目标带给我们的孩子更重要呢？"

全面成长

我希望这些故事能够让你对成长与信念之间的关系有更深层次的见解。没错，信念是提高业绩的有力催化剂。如果你还记得，在第一章中，我们看到本和杰瑞公司的乔斯坦·索尔海姆通过信念领导把公司业绩从一位数的下降转变为两位数的增长。在本章中，我们展示了伊赫桑、雅基和菲利普的信念对商业业绩的影响。可以肯定地说，信念要比数字重要得多。信念关系的是，你在获得数字时究竟是谁。成长心态带给我们的礼物是，它让我们释放出了心底的好奇孩童，让他参与游戏、生活，并以此成长、前进。好奇心不仅能改变我们的生命体验，同时也会改变我们引领的那些人的生命体验。

思考

1. 你参与过哪些巨大的商业成功，你的故事是什么？

2. 在那些经历中，你持有的是固定心态还是成长心态？

3. 此时此刻，你是使用成长心态进行工作的吗？

4. 此时此刻，你是使用固定心态进行工作的吗？

5. 如果在工作和生活中应用成长心态，会给你带来怎样的好处？

第九章 影响：直面更真实的自己

信念决定了人们带给领导力的独特礼物，通过这些礼物，他们可以与其他人的信念达成一致，从而产生积极的影响。这一点远比所谓的"成功指标"——金钱、名誉和权力——重要得多，但它最终也会产生包括以上几点指标的持续成功。

——比尔·乔治

在过去的十年里，我与比尔·乔治进行了合作，这让我对真实领导力和信念本质的理解产生了重大影响。《韦氏词典》将"真实性"（authentic）定义为"真正的或名副其实的；不是复制的或虚假的；正确的或精准的"。它来源于希腊语中作者（author）一词。作者就是真实性的核心。你能在不知道自己信念的情况下写出你的领导活动和生活吗？我不认为你做得到。比尔一直在挑战我，不停加深我心中关于信念对领导力影响的理解。

本章开头那段话来自比尔最新的文章，它抓住了很多我们谈论过的东西。金钱、名誉和权力是有趣的生活伴侣，但直接追求它们并不能产生我们期望的积极影响。信念提供了一个基础，可以让我们与他人的信念取得一致，并以此创造一个伴有名誉、财富的积极结果。

比尔的第一本书《真实领导力》（*Authentic Leadership*）讲述了他作为一名真正的领导者的真实历程，并提供了他对真实领导力的见解。在书中，他分享了他的考验、唤醒和挑战的经历，作为非常引人注目的、两家《财富》50强公司的首席执行官及董事会成员，他的经历很有指导意义。比尔是第一个撰写关于真实领导力的非学术性文章的人。其他学者们都是从外部描述真实领导力，而比尔则是使用自己的内部经历。以下是他对自己一部分旅程的描述。

撞墙

但丁在《神曲》中写道："在生命道路的中途，我在一片黑暗的树林中醒来，真正的道路已经完全迷失。"我职业生涯中最痛苦的一段时间出现在我最意想不到的时候。我称之为"撞墙"，这是大多数领导者在职业生涯中至少会经历一次的事情。尽管很痛苦，但这一经历为我的成长和改变提供了基础。它让我开始审视自己的内心、承认自己的缺点，并意识到自己走错了路……

霍尼韦尔（Honeywell）。我先是在霍尼韦尔获得了大幅晋升，然后决定重新评估我的职业生涯，最后朝着一个全新的方向前进……在这段时间里，我开始思考霍尼韦尔是否真的适合我。我一直将自己视为以成长为导向的领导者，而不是一名扭亏为盈的专家……此外，我发现自己变得更关心外表和着装，而不是自己本身。最后，我不情愿地承认，霍尼韦尔对我的改变大于我对它的改变。于是，我"撞到了墙"，但我骄傲的心让我无法面对这一事实。我觉得自己陷入了一个永远无法挣脱的陷阱。

我的男子汉一面说："我必须坚持到底。"当然，那时我正在领导他人，但是我丝毫不清楚我的信念所在。我的"引路人"去了哪里？就像但丁一样，我也身处"一片黑暗的森林中"。

比尔提出的是这本书中最基础的一个问题：你的"引路人"去了哪里？当我们信念不明确时，我们会陷入迷茫，就像比尔描述的那样。幸运的是，他没有彻底迷失，这一刻成了唤醒他的警钟。最后，他接受了美敦力（Medtronic）首席运营官的职务，与霍尼韦尔相比，这是一家名不见经传的超小型公司。然而在美敦力，比尔开始迅速成长，并最终成了首席执行官。在他的主持下，公司业绩大涨，股票价值从 10 亿美元暴涨到了 600 亿美元。在职业生涯的巅峰，他离开了商业世界，成了一名学者。后来我问他，是什么促使他在将近 60 岁时开始新的事业。他的回答表明了他身为领导者的良好素质：他对他那一代的领导者感觉很失望，觉得有必要找到一条更好的领导之路。2004 年，比尔受邀在哈佛商学院教授真实领导力。

2006 年，当我和比尔会面时，我们已经对真实领导力的每一个关键要素都有了深刻理解，从熔炉故事的力量到明确价值观的重要性。那时，我们知道信念很重要，但却没有完全理解它所起的作用。

信念给予真实性的礼物

当我第一次向公司高管传授真实领导力时，我比较愿意将信念排除在课程之外——直到我注意到，课程项目中包含信念与否的巨大差别。在我们所有的课程项目中，参与者都要讲述他们生活中最震撼的故事：失去、困苦、坚持，当然还有意想不到的成功和对自己的认可。参与者开始"看清"自己是谁。他们的价值观、动机、优点、缺点和一生的领导模式开始变得清晰。

当我将信念排除在课程之外时，这些有意义的人生时刻会让一些参与者站起来，满意地说道："我是个正直的人，一个锐意进取、毫不妥协的领导者。很多人都建议我要改变，现在，我终于可以无视这些无聊的反馈了。"或者，"我是个安静、保守的人，这就是我的本性。"这些人将他们故事中显现的个性偏好，与"他们是谁"的本质彻底弄混了。

我们都有更舒适的做事方式，看待世界的方式，体验生活的方式。

好警察对坏警察

保守对自由

离婚阴影下的童年对完美童年

我们已经发展出一套与世界互动的自我风格，但并不意味着这些风格应该陪伴我们一生。我看到"真实性"被当作了盾牌，将我们对信念的思考、我们对自己身为领导者和人类个体的更深层次的理解阻挡在外。

我们都知道那些"一招鲜"的人，他们有一种与世界打交道的特有方式，学习新的工作方法并不在他们的计划中。他们可能觉得自己是真实的，但是被他们领导感受到的，往往是不真实的。他们的风格就是他们的一切，你必须改变自己以适应他们。这种风格远远看上去很有魅力，接近相处起来则发现根本不能让人满意。

在第七章中，我介绍了卡罗尔·德韦克关于固定心态和成长心态的概念，固定心态就是"一招鲜"的生活方式。其目标是寻找各种情况设法证明他们对自己的看法是正确的，并且在通过"一招鲜"获得成功的同时，让自己的领导风格接受任何考验和检验。

信念会使我们转向成长心态。讲述自身故事不是为了证明自己的追求，而是为了找到更清晰、更完整的自身信念。就像我们不能让自己的工作、职位或专业身份来定义我们一样，我们也不能让自己喜欢的做事方式定义我们的真实性。

的确，尝试新事物可能会让我们很尴尬。当我们踏入新的环境、拓展自己时，常常会对自身产生一种不真实感。然而，如果我们用自身信念而不是个性风格来定义自己，就会更愿意拓展自己并去冒险。大多数新工作会伴随着我们喜欢且擅长的工作内容（这也是我们被雇佣的原因），以及带有陌生感的新职责，从不断加强的挑战、会议的运作方式，到如何填写开支报告，都需要我们花时间去适应。然而，随着时间的推移，这一切都会变得更加自然了，我们的自我感觉和真实性也会恢复如初。

当然，我们每个人都有自己喜欢的与世界互动的风格。但有趣的是，在我们最具挑战性的经历中，有不少是我们的风格与外部世界产生了碰撞，最后以我们被世界碾压为结尾。以信念为出发点进行领导，在短期内可能是困难的。但当我们被迫从内部挖掘自己，直至找到坚实的土地，我们会获得信念带来的更多馈赠，并发现面前有多种风格可供我们挑选使用。在你的生命中，什么时候你的成长、发展最迅速？是否曾有过一段时间，你使用风格应对所有问题？你是否经历过要求你拓展、整合多种风格的情况？

你可能会说你很直接——"你看到的就是你得到的"——并且永远对他人说真话。但这是一种领导风格，与"你是谁"无关。任何极端的风格都会给我们带来麻烦。对高层领导者失败事例的研究证明了这一点。他们失败往往不是因为他们的弱点，而是因为他们过度使用某种风格或力量：太过于注重以结果为导向，不注重大局；太倾向于对抗，不建立信任关系；过于注重人际关系，无法做出关于人的艰难决定。当我们把自己的风格和自己的本质混为一谈时，我们就变得不真实。

信念就静候在所有风格之下，让我们能够获得更深层次的真实。如果你的风格就是你本身，那么你能有多独特、多真实？除了找到自己的信念，你还有什么塑造自己的更好方式？

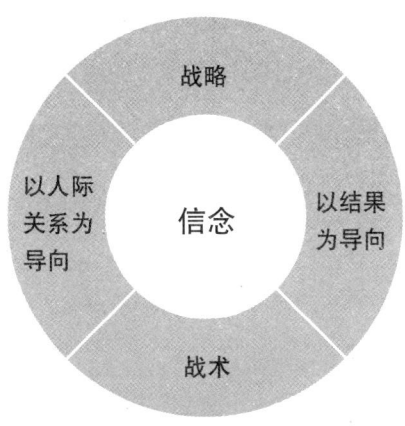

信念让你更真实

安娜（Anna）——鼓励他人抓住机会站上舞台

当纽约的公司律师寻找到自身信念，会发生什么？安娜的信念是"鼓励他人抓住机会站上舞台。"当她还是孩子时，安娜很喜欢表演，从小到大参演了很多音乐剧。在舞台上，她觉得自己可以成为任何她想成为的人。她可以发出声音给你信息，帮助你学到新的东西。她喜欢鼓励人们走出自己的外壳，拥有自己的人生舞台，成为自己内心深处真正想成为的人。

当我第一次遇到安娜时，我只看到了一位高度专注、自律、专业的公司律师。我见过很多谨慎的人，但安娜是"待在自己盒子里"的最佳范例。她身上带有一种高效的大公司风格，但这并不是真实的她。

当她进入信念的领域时，她仿佛回到了舞台，拥有了自己的真实声音，只是这一次不再需要音乐伴奏。她的信念变成了舞台，她可以在舞台上发出自己的声音。

信念领导让安娜发展出许多令人惊讶的、真实的领导方式。过去，当营销团队与她交流时，安娜会把注意力放在合同和语言上。现在，她会询问营销人员们的见解，什么东西让他们感到骄傲以及如何才能让营销效果变得更好。她想让他们好好思考自己正在做什么，并留下深刻印象。起初，营销团队对她的转变大吃一惊，但结果证明这是非常好的领导方式。

一次，一个团队想要举行一场大型的客户活动，他们为安娜的法律团队准备了几个备选方案。处理这份合同非常简单，但安娜先将一组问题抛向了这个团队。

- 我们如何才能把这个活动办得精彩绝伦？
- 我们如何使用有限资金实现这一点？

- 我们的社会参与情况如何，人们会以怎样的方式记住我们？

- 参与者是否有机会回馈并为世界创造不同？

她不再是原来那个保守严谨的公司律师。安娜接受了自身信念，找到了一直藏在内心身处的那个真实领导者。组织内部越来越多的人开始意识到安娜的巨大才能，一位新晋高管凯伦（Karen）要进行一个非常重要的演讲，于是她请安娜帮忙。安娜帮助凯伦以一段航海故事作为开场——这是凯伦的激情所在，是她信念的真实表现。这是个决定性的时刻，这段演讲让客户和高层领导者们看到了凯伦的本质。安娜告诉我："我将我的信念与凯伦的信念整合到了一起，让她从自身信念出发引领自己。"

大约 6 个月后，安娜向我提出了一个有趣的要求。我们经常对内部学友进行培训，并让他们带领学友小组学习信念课程。参加这个培训的大多是人力资源部门的人，安娜这种公司律师要求参加的还比较少见。

起初我并不确定是否要让安娜参加培训，但当安娜谈到她寻找信念的经历时，我开始看到她身上以前并未见过的一部分。她希望培养自己这方面的技能，但是她的公司职务无法给她学习实践的机会。她正在寻找一种方式来拓展她的领导风格，她现有的舒适而谨慎的风格对高级法律顾问这个角色的影响是非常有效的，但这并不是真正的安娜。

在过去的 5 年里，安娜每次都能帮助学习小组获得明显提升。与此同时，她也表现出了强劲的倾听技巧，以及帮助他人找寻内心隐藏事物的能力。当然，仅仅知道自身信念并不能让她轻易地获得不同的领导风格。她的信念的作用是将她推出舒适区，让她与更深层次的事物联系起来。与不同部门、不同层级的人一起工作，这对她来说是一种考验。每当我指导她时，她总是会给我一个"好吧，让我们看看"的眼神，然后跳回到手头工作里。当我的建议超出她的能力或意愿范围时（拓展她的能力），她是否会感到不真实？没错，肯定会这样。但是安娜在挖掘更深层次的真实性。她知道，如果旧的风格非常管用，就不可能开发出一系列新风格。因此，她一再地让自己远离传统的法律顾问角色。

通过为他人营造舒适的谈话环境，让他们尽情讲述自身故事、寻求其中意义，安娜的会议管理方式发生了颠覆性的改变。现在，她有了新的领导风格可以选择，这些风格远超她以前谨言慎行的方式。如果需要，她可以以最快的速度主持会议然后签订合同，但她也可以让人们放松，说出自己的心里话，最后怀着感激之情离开。她的强大之处在于她可以选择。但不管她使用何种风格，她都是一名真实领导者。

很多人的信念在向他们低语："你说真的吗？你想待在这个无聊的地方？你内心中的好奇孩童想要玩耍——让我们高兴起来吧！"我在很多领导者眼中看见了这样的闪光，尤其是在他们面对"保持风格"还是"听从信念"的选择时。让我们明确一点，很多人即使找到了自身信念，还是会坚持自己的原有风格。毕竟信念不是魔法药物，可以实现一切。但是这些年一路走过来，我没见过任何比信念还有效的东西，可以一脚就让人们一路尖叫着飞上天堂。

真实领导者的优秀特质

还有一个将我们的真实性与信念联系起来的重要因素。在我们所有的培训项目中，我们都要求参与者列出他们需要从自己和自己领导者身上看到的成为真实领导者的重要品质。以下是在不同行业、不同背景下反复出现的一些特点。

- 明确信念；
- 有自我意识，了解自己的长处和弱点；
- 以开放的心态接受积极和消极反馈；

- 对下属坦诚；

- 坚持自身价值观，尤其是在艰难时刻；

- 鼓励他人获得成功，帮助他们找到自己的声音；

- 创造可持续的商业成果；

- 拥有可变的领导风格，但坚持本我；

- 有远见，能激励团队；

- 共情，尤其是在很容易出现偏见的时候；

- 高效率决策；

- 能适时地显示力量或脆弱。

由此可见，不同群体的领导特点差别很小，但这里还有两个大问题。

- 我们中有人为真正符合以上所有特点的领导者工作吗？什么时候？

- 面对困境，我们中有人真正展示了以上所有领导特性吗？什么时候？

参与者们有着大量热情去定义完美领导者的形象。如果我们允许的话，他们可以写上一天。但是，我们的期望与现实还是有很大差距的。

我所知道的是：每个人完全进入自己的信念领域，并以其为基础进行领导时，那个最大程度符合完美领导特征列表的我们就会出现。好像有人打开了灯。他们与团队成员的互动方式以及他们对现有工作投入的领导力，会让人震惊不已。我在领导中体现的特征和你的有什么相似之处吗？可能一点也没有。我们每个人都在用自己的独特方式进行领导：有些人很低调，有些人很外向；有些人很诗意，有些人则直来直去。

然后，一切都消失了……

关于信念，最具挑战性的一点就是，我们无法100%、每时每刻都遵从它。我们进入了信念的领域，获得了一套强有力的领导力特质，然后10分钟后我们就出来了。困难的是，我们很难找到长时间身处信念领域的方法。我们出来，然后再进去。

　　这可能是信念与真实领导力之间最重要的联系了。要做到真正的真实，我们必须承认：我们有时是基于信念进行的领导，有时则不是。毕竟我们都在发展、成长中。一旦我们知道了自身信念，在某种程度上我们就有了选择，我们也必须进行选择。

思考

回顾一下优秀领导者的特质名单：

- 明确信念；

- 有自我意识，了解自己的长处和弱点；

- 以开放的心态接受积极和消极反馈；

- 对下属坦诚；

- 坚持自身价值观，尤其是在艰难时刻；

- 鼓励他人获得成功，帮助他们找到自己的声音；

- 创造可持续的商业成果；

- 拥有可变的领导风格，但坚持本我；

- 有远见，能激励团队；

- 共情，尤其是在很容易出现偏见的时候；

- 高效率决策；

- 能适时地显示力量或脆弱。

1. 你为拥有大部分以上特质的领导者工作过吗？什么时候？

2. 你什么时候展示过以上大部分特质？

3. 你生命中最快、最迅速的成长和发展发生在什么时候？是否曾经有一段时期，你会用风格回答一切问题？你是否曾身处过需要你拓展、整合多种风格的情景？

4. 你的信念如何让你朝着更深层次的真实性前进？

5. 你最喜欢的领导风格是什么？

6. 成为自己领导力和生活的作者，对你来说意味着什么？

第十章 影响：明确你的真正身份

我们全都是脆弱的，当我们不知道自己的信念时；当我们没有忘情地进入社会角色时；当我们不敢承诺时；当我们感觉自己像游行在无边际的大海中时。

——大卫•布鲁克斯（David Brooks）

20 世纪之前，大多数人的职业和身份一出生就确定了：你是农民、商人、铁匠、渔夫或银行家，你的父母和他们的父母也是如此。你无法控制你出生的环境，你没有选择，所有人都是这样。亨利八世之所以成为英格兰国王，并不是因为他有卓越的治理能力，而是因为他的兄长去世，将王位留给了他。

今天，我们的选择更加广泛，我们中的许多人生活在一个经常询问孩子和学生"你未来想做什么？"的世界里。我的一个女儿在大学里学习表演，她现在正在伦敦环球剧院度过一年的学习时间。另一个女儿则刚刚进入大学，她希望成为一名高中英语教师。现在，我们不再像以前一样受到外部环境的限制，但我们仍然受限于我们对"我是谁"的定义。今天，我们的大部分身份（我们如何看待自己，以及我们希望别人如何看待我们）都基于我们的公司、角色、工作和生活地位。当我们去另一个国家时，海关表格上不会问"你是谁？"他们会问我们的职业和我们有多少名家属。不幸的是，对大多数人来说，这些基本信息就是我们的身份总和。我们生活中的大起大落，往往与我们就读的大学、我们获得的职位以及我们为哪家公司工作相关。

主动定义身份，而不是让角色定义身份

与企业高管们合作、帮助他们寻找到自身信念，我们会先从对未来 5 年的展望开始，明确信念在每个人广阔前景中的体现与影响。有趣的是，不管现在身居什么层级、不管公司高层架构如何，很多人都认为在全身心跟随信念的引领下，他们会成为公司首席执行官、董事会主席、人力资源部或法律部的领导。毕竟，大部分人都认为首席执行官这个身份要比总经理等其他职位"更好"。讽刺的是，尽管所有努力都是为了获得更高职位，但当我为高管们提高领导力指导时发现，他们真正想要的是现有两个层级之下的职位。似乎每个人都对曾经的职位念念不忘。

我们允许角色（职位）对自己的改变程度是让人难以置信的。为了一个诱人的职位，高管们会将自己挤进充斥着不真实和无信念、无目的的公司最高层。记不清多少次，我听到人们评论说，某人在高升后"变了"。他们说："从他升任副总裁的那一刻起，他就从透明、真实、开放转变为控制、防卫和对抗。"这些角色（职位）之所以有这样的影响，是因为我们的身份认同感不足以定义我们要如何领导。我们认为自己必须成为"首席执行官"那样的领导者，虽然这一认知远不如引领我们一生的信念那样有效。

梦寐以求的角色或职位只是目标。拥有远大目标是好的，比如成为行业佼佼者、获得诺贝尔奖，或者进入《财富》杂志的前 100 名首席执行官（Top 100 CEOs）列表。这些目标如果达到了，可以成为信念领导的一个阶段。一旦达到，头衔、角色或职位就再也不是你身份的定义，不是你信念的终极版本。相反，你如何去利用这些头衔、角色和职位，就是信念带给你的礼物。每一名首席执行官都是独一无二的，你也是。现在，挑战变成了：究竟是让角色定义你，还是你定义角色？

让我们的角色定义我们的身份是危险的，因为我们追求的所有角色和目标都是脆弱的。在很多情况下，我们可以随时被任何"他们"喜欢的人所取代。每个外部角色的定义，都取决于其他人，取决于他们想让我们做什么。我们给予了组织内其他人太多可以影响我们对自己看法的权力。我们越是使用职位（我们渴望的）定义自己的身份，我们赋予他人的可以决定我们命运的权力就越多。这就像在电视游戏栏目中与其他参赛者一同竞争自己的身份。我们是赢家还是输家？我看到许多高管沉沦在对头衔或职位的渴望之中，仿佛这些才是决定他们真正价值的东西。

另一个挑战是，即使我们到达了公司最高位置，也不能永远待在那里。我花了很多时间与前首席执行官、部门主管和曾经的知名人物交谈，帮助他们找到一直隐藏在内心更深处的信念。这些讨论很有效，但也很痛苦，因为他们的身份是建立在自己不再拥有、并且可能永远也无法再获得的东西上。我们都见过这样的人：他们向每个人反复诉说自己曾经的辉煌——他们"曾经是谁"。幸运的是，如果你找到了自己的信念，即使世界上所有来自他人的定义都已消失，你的身份依然在那里。

一次，在达拉斯等待转机时，我在机场里那些不伦不类的酒吧中挑了一家，点了杯葡萄酒准备休息一下。这时一位穿着非常专业的高管在我旁边的座位上坐下，于是我们开始了交谈。他是四大咨询公司之一的高级合伙人，但决定提前退休。因为我们的等待时间都还很长，所以我提议给他再买一杯酒，条件是与我分享一下提前退休的原因。于是，他描述了自己的职业生涯：从密歇根大学的研究生学位到他的第一份工作，进入哈佛商学院，被他现在的咨询公司招聘，以及他想成为公司每一层级的"最年轻的顾问"的疯狂渴望。但是，每当他要成为最年轻的晋升到上一层级的人时，总会有人捷足先登。说到这里，我们都不约而同地苦笑了起来。但最后，虽然他并不是最年轻的，但他是一位杰出的资深合伙人。在机场酒吧的那一刻，他的角色和头衔不再重要。他给我看了他刚买的那艘帆船，一个月后他要搬到船上去住，他还跟我讲了他的决策过程。"你知道，我花了一辈子时间让别人决定我应该是谁，我是不是足够好，我什么时候能进入上一层的核心圈子等。当我到达顶峰时，我意识到我要对付的是下面所有想要往上爬的人。我意识到，这一路来我从没有在家的感觉。这只是一场愚弄人的激烈竞赛而已。于是，我决定结束这一切，做回我自己。"

接下来的时间，我们一起谈论了他的新生活，谈论他现在可以做的事情，或者说那些已经被压抑了多年的事情。

还有另外一种情况，会对我们的身份以及我们的影响力造成很大伤害。对很多人来说，我们的身份更多的是与我们的专业或专业领域联系在一起，而不是头衔或职位，"我是医生、律师、顾问、工程师。"这些称呼伴随我们的时间，比我们的头衔、职位还要久。

在与一个高管团队合作前，我要先阅读数千份领导力方面的评估报告。一名顾问要采访 6 到 10 名与高管共事的人（包括老板、员工、同事和其他合作者），并撰写一份 4~6 页的报告，总结他人对该高管在优势、劣势和未来发展上的看法。报告的前半部分侧重于评估对象在哪些方面做得好，这也是他们拥有现有职位的原因。后半部分则详细评估他们必须解决的问题，以及对这些问题的详细定义。如果现在不解决这些问题，就会大大限制评估对象今后的发展空间。

在阅读评估报告时，我常常看到下面这样的内容。

吉姆（Jim）需要分权给下属，而不是自己承担过多负担，虽然这种领导倾向为他带来更多的行业知识、动力、精力和个人能力。

史蒂夫（Steve）对细节的关注以及对严谨的追求导致他过于依赖自己的专业知识，对分权及依赖团队资源缺乏信心。

萨曼莎（Samanthas）的精力、动力以及对主题的掌握导致她倾向于直接投入到解决问题模式中，因为她渴望把事情做好，这让她的团队失去了锻炼的机会。她需要学会远离细节，更频繁地分派权力及工作，将自己的精力集中在领导上。

随后，我们和吉姆、史蒂夫和萨曼莎一起深入探讨了这些潜在问题。他们的问题可以归结为这样一个事实：比起下属，他们做同样的工作要好得多。如果他们不将所有工作揽在自己身上，很可能无法达到需要的质量水平。但这种做法对所有人来说都不是好事，因为该做这些工作的人失去了实践的机会，而他们的领导也没有做好自己的工作。

当我们深入到这里时，许多领导者意识到，他们在雇佣那些与他们一样出色的人（在完成具体工作任务上）时会十分犹豫。因为在心底，他们不想放弃"资深专家"这个身份。这就是他们对自己身份的定义。如果他们雇佣了一个与他们同样出色，甚至比他们还要出色的人（在具体工作任务上），那他们又是谁呢？我们可以说，这也是一个好消息，因为他们没有以自己的新领导角色定义自己——很多人承认，新的角色让他们感到陌生——虽然他们很喜欢它带来的影响力、薪酬和地位。我们都见过这样的人，他们喜欢领导工作带来的好处，但他们却一直都在做下属员工们的事情。这就是将专业视为是自己的身份带来的最大陷阱。

当然，进入一个新的角色或职位需要时间，毕竟需要学习的地方太多了。无论我们如何定义自己，这都是一个挑战，但如果我们将专业视为自己的身份，那转变无疑会变得更加困难。

用信念定义自己

对于将自己身份建立在专业、专长、职位、工作或组织之上这种情况来说，信念是一剂良药。信念一直存在，并且会永远存在。你的信念不会改变，没人能从你这里夺走它。你对它投入得越多、越听它的话，它就会变得越强。我们生命中很少有这样坚定有力的事物，这也是我们一直说"明确自身信念具有强大力量"的原因。

当我们面对挑战时，我们需要一些坚实的东西来支撑自己，特别是当周围环境不稳定时。信念，就能够提供我们需要的稳定性。它创造了能快速回复的弹性，因为当我们进行信念领导时，我们的身份不再由外部事物摆布。请想一想，你对 "你是谁"这个问题的答案是什么？你对自己身份的定义是什么？ 如果你的身份不再由外部世界定义，那会怎样？信念赋予了我们拥有自己独特礼物的权利，并把它带到我们生活中的各个方面，从内到外无一不包。我们不再是未来、现在，或以前的 X、Y、Z。我们一直且永远都会是我们自己，我们永远都代表着自身信念。这就是你可以依赖的东西、你领导的基础，无论在最坏的时候还是在最好的时候。

兰杰在第三章中为我们讲了一个精彩故事，体现了信念驱动型身份的强大力量。

兰杰的信念表达是"把人带到舞台中央。灯光！摄像！开始！让我们创造不同"。一段时间前，兰杰正准备着升职，他确信自己会得到那份工作。然而，其他人却捷足先登。

当我感到情绪低沉、心情恶劣时，当坏事发生时，我不停地提醒自己"等效性"这一概念：有很多种方法可以将你带到目的地。但这种想法让我更沮丧，我开始怀疑："这是基于工作表现还是基于人际关系的，或者基于其他什么？"

每个人都试图安慰我："下一个就会是你了"。我花了几天的时间进行反思，然后意识到没有人能从我身上夺走我的信念——这是我的引导之光。我坐直身体对自己说："在生活中，我扮演了许多不同角色，某些角色会让我失望——就像这次这样——但与此同时，我的生活中还有很多（可以说更多）其他方面正在顺利进行（比如家庭生活），这给我带来了很多快乐。是时候承认这一点了！"我的信念总是将我拉向积极的一面，不让我沉入消极状态之中。我认识到，将注意力放在更重要的人和事上（将更多人和物放在舞台中央），放下诸如没有得到晋升之类的痛苦，就会得到幸福。我的信念就是我内心的声音！

我的团队中的一些人正在等待晋升或重大人事调动，他们的状况可能比我更糟。"我需要照顾好他们"，这就是我的信念传达出的信息。如果我现在止步不前，这些人可能也会受到负面影响。我们正在进行一个十分重要的人力资源计划，一个里程碑式的项目——开设一个新的培训中心。这是一个庞大的项目，我的团队在过去两年中一直在为此努力。我的团队需要我，我的工作需要我。我把我所有的精力都放在了这个项目上。我竭尽全力去完成一件了不起的工作。终于，我们启动了这个世界级的培训中心，它将贯穿整个组织的所有层级。然后，最好的事情发生了：我的下属得到了他们应有的晋升和调动。我太高兴了！这是我们工作的成功，其他一切都只是历史。所以说，与其专注于失望，倒不如把注意力集中在所做的事情上。直视自我及信念领导给我带来了快乐以及面对困难的勇气。最终，"等效性"显现了出来：我得到了大幅度晋升，管理一个大型地区。这并不是我的计划，但却让我的信念领导提高了10倍。

我们都面对过像兰杰这样的情况，这几乎是职业生涯中永远都在进行的一课。信念的真正力量在于，它能成为我们所立足的坚实基础，确定我们该如何应对当前情况。如果失去信念的引领，兰杰很容易就会失去工作动力，变得心不在焉，也会让他的团队在没有引领下茫然前行。相反，在信念的引领下，兰杰不再关注脆弱的外部身份，而是进一步加深了自己与自身信念之间的联系。

如果通过职位、角色来定义自身身份，大部分人则会把自己置于兰杰一开始的糟糕经历中。好消息是，兰杰通过自身信念帮助自己渡过了难关。在与高管们进行信念方面的课程工作时，我能够实时观察到这种转变：一开始是他们对某个职位或角色的渴望，随后他们寻找到了自身信念并接受了它的引领，最后他们开始了一条不同的、更令自己满意的道路。我们每个人都有很多角色，在明确自身信念之前，我们是用以下图表里这三个角色中共同的、小小的部分来定义自己。不过，这三者中的一个会产生压倒性的优势，对我们的身份做出强烈定义。这三者都是脆弱的，失去任何一个都会产生严重的不稳定性。

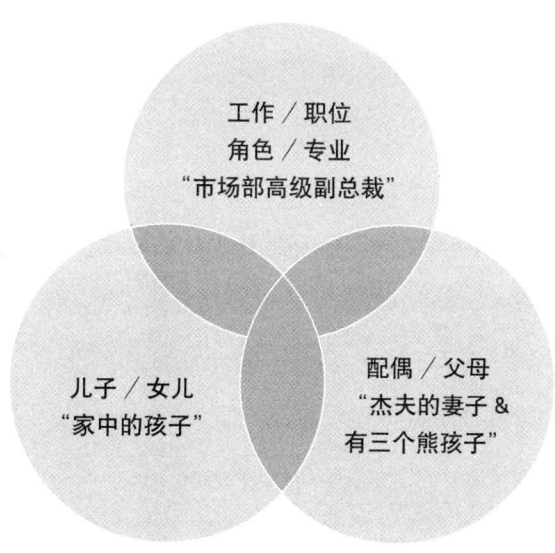

当我们与自身信念取得一致后，我们与我们的各种角色之间的关系也变了。

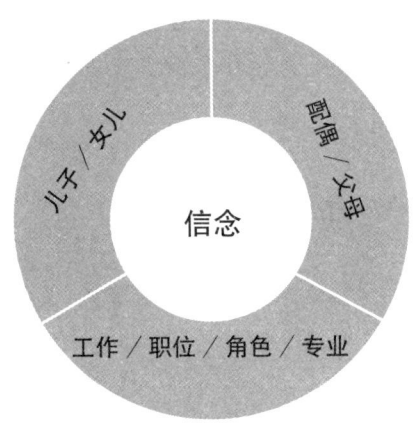

詹姆斯（James）——充分利用所有要素来赢得比赛

当我遇到詹姆斯时，他是一家大型跨国企业的高级采购经理。他的信念是"充分利用所有要素来赢得比赛"。我们是在他对航行毕生的激情中发现他的信念的。他从小就擅长帆船运动，曾被选为奥运代表队的替补。驾驶三人小艇需要超乎常人的平衡性和协调性。"你永远不知道风会往哪边吹，所以，你只有将自己的能力、直觉和应变力结合起来，才能赢得比赛。我们所有的竞争对手都拥有和我们一样的船……所以，获胜的关键是船员以及你如何理解这些要素。"

这些对他在采购领域的职业生涯意义重大，他一开始对自己的身份定义是采购人员或赛艇手——这二者都是强有力的角色，随后他在这些事物的共同点中找到了他的信念。当你领导全球采购工作时，哪怕是最小的事情，累积起来也能获得大量节省，帆船比赛也是如此。

然而，当我们第一次通过展望 5 年后的愿景来寻找他的信念时，他只看到了其中一个角色：他对 5 年后信念领导的结果的展望是"全球跨国企业的采购主管"。

我想让他明白，采购主管这一角色无法定义他的信念领导形式。为自己定下一个目标，这个没问题。但这个目标无法表达你的努力、运气、毅力以及人际关系。我问他："通过你的信念滤镜观察，不管你做的是什么工作，关于领导方式，人们会怎么评价？"詹姆斯意识到，不管他的未来角色、职位是什么，答案应该都是一样的。

"我以训练最好的团队和赢得大赛而闻名。我领导力中的独特品质是：

- 在一个无法预测的世界里，我也可以掌控形势；
- 我会在其他人之前看到风的来临，并通知船员就位，利用风力获得速度；
- 我团队中的每个人都会深信，他们在同一艘船上为赢得同一场比赛而奋战，无论他们负责的是什么部分；
- 当我没有赢得比赛时，我会很冷静；我会从失败中吸取教训，为下一场比赛做好准备。"

正如你所看到的，詹姆斯开始明白：他的信念为他提供了一种完全不同的看待自己身份和影响力的方式。这个滤镜适用于他生活的每一部分。他已经明白我们的目标是了解他的独特领导方式，而不是他拥有的头衔。

最后，詹姆斯为他的信念"充分利用所有要素来赢得比赛"加入了最后一个要素：他的家庭。

"为我的在岸团队（我的家人）进行再投资。

- 同在一个家庭，我们有一起进行的、将我们联系在一起的'事物'。"

发现信念"解锁"的最关键的部分是，它让我们能够关注到自己生活中的所有部分。我们不只是在工作中跟随自身信念。詹姆斯过度专注于他的采购部门工作，这导致他忽视了自己的家庭。但是，家庭和工作一样重要。当他将信念带入家庭时，立刻产生了显著的积极影响。当我们与很多高管在一开始接触时，他们已经在工作中应用信念领导。可能他们并没有形成只属于自己的信念表达词句，但他们在工作中已经全身心地跟随着自己的信念。然而，他们的信念并没有体现在家庭中。如果我们的身份定义基于我们的工作，那么我们就会将所有时间与精力都投入到工作中，忽略我们生活中的其他角色。如果我们的身份定义基于自身信念，那么我们就能将它应用在生活中的所有部分。

最近我有一个采访詹姆斯的机会。我们已经4年没有谈过话，我很想知道他后来的情况如何。好消息是，他很清楚自己的身份认同感应该来源于自身信念。讽刺的是，他曾经十分看重的全球采购职务已经成为历史。他离开了那家跨国公司，成为一家非常小的航空公司的采购主管。为什么会这样？他现在的家距离一家世界一流的帆船俱乐部只有100米，他的孩子们正在那里学习如何进行比赛。这一举动让他将自身信念也应用到了家中。当他的孩子们长大时，他意识到这是一个机会——他可以将自身信念的独特礼物送给他的妻子和孩子们。詹姆斯放弃了对全球采购职务的追求，换来在生活中进行全方位的信念领导。他不再让工作定义自己，他会通过自身信念来定义自己。

当我们不仅看到自己基于信念的身份，并且开始与他人信念互动，会发生什么呢？对大多数人来说，这很可能发生在别人帮助我们看到了我们原来没有看到的事物时。

通过信念吸引他人，而不是角色

我曾有幸帮助许多高管从基于角色的身份认同，转变为基于信念的身份认同，但我却错过了目睹这一转变的强大影响力——如果不是在众多信念培训项目中与广大学友们进行多次夜间谈话，我永远也不会明白这一点。白天，在项目课程中学友们会分享关于信念的故事，而晚上的讨论，则往往集中于对他们产生过重大影响的谈话。这是一种模式——大多数学友感觉，在他们的一生中有两到三次对他们具有深远影响的谈话。

想想你这一生中与他人进行过的数千次严肃谈话。很多人对你说过"你应该做什么"或"不应该做什么"之类的话。但让我们面对现实，大多数时候他们的话并没有真正站稳脚跟。仔细想想，你会发现只有很少的几次谈话会对你产生深远影响。他们不仅改变了所做的事情，很多情况下还改变了你对自己的看法。最近几年，关于这一现象我们采访了来自我们项目的 500 多名学友，找到了 3 个共同点。

- **这些有效对话都很强硬**。这些对话很少承认或赞扬我们做得很好。相反，谈话者总会将我们拉到一边，然后传递给我们一个强硬信息。

- **谈话对方是权威人士或家庭成员**。对方要么拥有一定程度的权威，让我们相信他们所说的是"真实的"；要么是被我们所爱的家庭成员。这种情况大多发生在我们年轻时，一位高级领导让我们坐下来，就我们的表现和未来发展进行强硬而直接的讨论。

- **这个人会向我们传达关于"我是谁"的更深层次认知**。这些谈话会让我们的信念清晰起来。

我们都有过几十次与高层领导和家庭成员的艰难对话，但它们的影响和长期结果好坏参半。其不同在于：他们在和谁说话。在一场影响和长期结果积极的谈话中，他们的谈话对象不是哪个搞砸了的人；他们的谈话对象是隐藏在我们内心深处的信念。虽然，他们没有试图利用"信念"这个词，但他们知道，我们也知道他们知道。这种情况十分罕见，但一旦发生就会产生令人难忘的影响。更重要的是，它无法作假。如果他们只是为了祝贺我们的出色成就，那对话中的真实性会很有限。如果他们在对话中呼唤我们真实的自己，那会是一件美好而罕见的事情。一旦发生，我们就不会忘记。

很多人喜欢将他人视为问题与麻烦，很想在对方头上狠狠敲打一下，然后再谈话（我们都知道这种感觉）。在这种情况下，呼唤他人的信念这一做法会产生十分积极的影响。

在我的前半生，我一直在设计和实施大型企业的变革管理方案。我接受过最好的从业者的培训，他们的丰富经验能让顾客和其他变革顾问冷静下来，并为他们带来安全感。我曾在全球性选拔中胜出，被任命为架构领导者，影响数万名员工。在这份工作中，复杂性并不是问题，有问题的是人际关系。我的团队里有两位业内资深人士，一位是法国人，另一位则终身都在休斯顿从事石油工作，他们俩完全不同，这让团队工作极具挑战性。我不喜欢他们，他们不喜欢我，他们也相互不喜欢或不信任。此时，我被牢牢困在了大规模组织变革专家的身份上。因此，我是对的，他们是错的，我的职责是"帮助"他们不要做蠢事。你可以想象这会产生怎样的影响。

我的老板托马斯（Thomas）比我大25岁，他让我坐下，开始了与我的讨论，"工作进展如何？"我描述了所有正在发生的事情，以及应该做些什么来解决"他们"的问题。托马斯直视着我："尼克，我十分了解你。你聪明、迅速，能解决所有别人解决不了的问题，而且十分专注，所以请为我解释一下，你说的这些如何才能实现。"说实话，我的方法不管用，而且永远也不会管用。我们仨之间根本不来电。最后，我们将领导角色给了另一名同事，他让法国人和休斯敦人完美地展开了合作，他也在这个位置上待了很多年。

回顾那一刻我意识到，托马斯看到了真实的我，他对我的认知与我的信念百分之百的一致。他打开了通往我信念领域的大门。我当时并没有说什么，但也没有对降职或解雇的恐惧，而是感觉自己被看到了、被证实了。我的身份不但没有被摧毁，反而得到了强化。

这些经历再一次证明，我们定义自己和其他人身份的方式，将会对我们自己和他人产生极大的影响。请记住，信念能够带来工作满意度和专注力的大幅提高。有了信念这个滤镜，我们能看到自己对他人产生的完全不同的巨大影响。

我相信，以这种方式与我们交流的人，遵从着他们自身的信念。这才是有信念的对话的感觉。

信念的影响在于，它不仅给了我们一个最终属于我们的身份，它还允许我们呼唤其他人的信念，让他们也更多地在信念的基础上进行工作。我们每个人都需要记住我们是在哪里找到的坚实地面。

思考

1. 你是谁——是什么组成了你今天的身份？

2. 在你目前的职位上，你的身份多大程度取决于你的头衔或角色，或者你所做的工作（只有一点点、一些，还是很大一部分）？

3. 是你定义了你的角色，还是你的角色定义了你？

4. 你的哪一个职业角色对你的身份影响最大？为什么？

5. 在你的生活中，他人与你进行的最有力的两三个谈话是什么？

6. 这些谈话的共同点有哪些？

7. 在这些对话中，你认为存在哪些等待你发现的信念元素？

8. 你最后一次与他人更深层次的信念（相对于他们的角色、职位和个性）进行对话是什么时候？

9. 这场对话对他／她产生了怎样的影响？

第十一章 影响：提升你的参与感和能量

信念带给我活力。它会让你在早晨起床，驱使你去工作、生活。它给你指明了方向……你是伟大事业的一部分。信念会驱使你持续前进，而其自身也在不断扩展。

——约翰

无论我是否在信念中，我都会有强烈的感觉……如果我在自己的信念中，我就会感到无穷的能量从身体里涌现出来。如果我不在自己的信念中，沉重感会笼罩着我。

——史黛西

对领导者来说，没有什么比充沛的能量（精力）和参与感更重要了。如果我们拥有充沛的能量和参与感，一切就都会非常顺利；如果我们没有，事情就会变得糟透了。很多（数量多得让我吃惊）领导者告诉我，他们从自身信念中获得了大量能量和参与感。高涨的能量和参与感是你无法装出来的：拥有能量时，我们就能应对任何情况；精疲力竭（缺乏能量）时，领导就会变得更难，真实领导力更是如此。为了获得能量，我们会去喝红牛和星巴克，锻炼身体，早睡早起，但在你我的世界中，这些还远远不够。你的能量要么高涨到渗入每一个细胞，要么低落到形神涣散。我们都知道精力充沛的上台演讲时的样子，也知道身体空空如也时的样子。我们相信（或希望）他人不会注意到这一点，但他们总会具备某种程度上的感知。如果我们远离信念，我们就很难带着正确的东西走出来——能量、参与感与真实性。

很多领导力课程都会教你如何激励他人前进、给予他人活力、分权给他人等。然而，为了实现这些目标我们做了大量工作，但是结果还是让人不满意。

"无参与感"是什么样子

不仅高层领导者面临着缺乏能量和参与感的问题，企业也很难提升员工的参与感——人力资源专业人士认为这是企业成功的关键因素之一。根据投资百科[1]的说法："有参与感的员工关心自己的工作和在公司的表现，并且觉得他们的努力会产生积极影响。"盖洛普发表了关于145家国家企业参与感的研究报告。他们的最新数据并不乐观（见下图）。

盖洛普——145家国家企业参与感数据：

24% 的员工"积极脱离工作"
（工作中的"行尸走肉"）

63% 的员工没有参与感

13% 的员工有参与感

---

1. 译者注：Investopedia，网址为：https://www.investopedia.com/。

我不知道你是怎么想的，但当我看到这些数字时，惊讶得嘴都合不上。87%的员工不是在睡觉就是四处乱跑，这太疯狂了。让我们假设，大多数组织中有这些不好情况的人数只有这些数字的一半——也就是说"积极脱离工作"和"没有参与感"的情况占43.5%，这数字依旧太高了。实际上，我见过很多"积极脱离工作"和"没有参与感"的人——他们几乎每周都会出现在我面前。他们看起来就像你一样，坐在我们的团队中。现实情况是，我们感觉到的自身能量与参与度远没有达到我们期望的水平。"假装会做直到你真的做到"这种想法可能会在某些情况下起作用；但从长远来看，这么做只会让我们感到精疲力竭。

许多与我合作过的高管已经"到达"了——他们已经身处其他人迫切渴望的位置。当你"到达"时，你会发现一系列关于人的问题会榨干你所有的能量、让你希望自己能成为"积极脱离工作"中的一员。

- 一个关键职位有两名候选人，他们都很优秀、都曾经是你的同事，其中一位还是你的朋友，而你必须决定谁能得到这个职位。你的决定会发出各种各样的信息。而且只有一个职位——这意味着，无论做出怎样的决定，你都是输家。

- 你被告知要大幅度削减成本，同时保持最高水平的增长，顺便说一句，不要影响到长期业绩。即使是魔法精灵也无法解决这个难题。

- 为了下属员工，你将自己所有的时间都花在了与公司的战斗上，没有时间再去做任何有趣的事情。

- 当你看着更高层级的人时，你会发现他们的生活就是一场灾难。

- 你是休息区里每个人都在谈论的对象，但当你出现时，他们的表现就好像有人死了一样。

- 一天或接连几天，你没有足够的时间完成自己的工作，而且每件没完成的工作最终都会回到你手里——这次它们需要双倍的努力进行修正。当你睡觉时，那些未读的电子邮件就像是黑洞一样蚕食着你的灵魂。

- 高层领导"团队"间无法达成一致，这意味着你的长期战略计划永远得不到批准。但那些人仍然认为你应该对结果负全责。

- 当你依赖的关键人员离开时，除了你没有人能在接下来的 6 个月里堵上这个窟窿——现在，你有双倍的工作要做了。

记住，这种"还有更多更多"的情况，是你"到达"组织中最重要角色时所得到的回报！我的观点是，真的没有任何地方可以"到达"。相反，倒是有一个地方可以让你以它为基础进行领导。信念可以真正改变上述列表中的一切，打破即将粉碎你小脑袋的老虎钳，带你进入引人入胜的冒险。

找到参与感、满足感与能量

怡安翰威特（Aon Hewitt）的研究表明：很多年来，员工的参与感一直是企业成功的基石，不管是小有成就还是创建丰功伟业。具有强烈信念感的员工，工作满意度更高、更投入、更有成就感，并能成长为效率更高、更忠诚的高绩效工作者。但最近一段时期，员工的整体参与感有所下降，这令人力资源领域的工作者十分担忧。

幸运的是，这一趋势似乎有了好的解决方法。很多创业公司正试图让员工成为专注于自身使命的信念驱动型倡导者，并将之前倡导的"员工参与感"转变为"员工成就感"。通过这些关注点的转换，这些公司正在利用信念激励员工。

我们已经列举了一系列证据证明信念对千禧一代的重要性，但受这一趋势影响的不仅仅是千禧一代和 X 世代[1]。领导这个时代的婴儿潮一代[2]也在将焦点转向以信念为导向的工作成就感。

一项领英（LinkedIn）和 Imperative 的合作研究表明，以信念为导向的员工在工作中获得满足感的比例要高出 64%，其获得工作满意感的可能性要高出 73%。这表明，那些组织信念表达清晰、维护良好的公司可以通过招聘和低员工流失率获得更多、更好的人才。

为什么信念对能量和参与感有如此直接的影响？它如何帮助我们解决工作中出现的疯狂状况？

就我所知，信念和能量来自同一个地方。可能这就是它们联系得如此紧密的原因。毕竟，除了你的独特礼物，还有其他东西能够让你和你接触的人感受到能量吗？每当我遇到信念明确的人，我们的谈话都会让双方倍感活力，不管我们谈论的话题有多严肃或"沉重"。这就像戴上一副特殊的眼镜，面对同样的疯狂状况你却能看到一系列不同的选择。

作为领导者，我们在日常工作中面临的最大挑战之一，就是找到继续前进的能量。当与我合作的领导者们寻找到自身信念时，他们会告诉我他们的能量水平上升了 5 倍。信念是"你是谁"的核心本质——从这点来看，它就是你能量来源的燃料。高水平的能量与参与感，是我们采访过的所有领导者全部谈到的重要主题。

记住，发现自身信念并不是什么智力锻炼。有一种几乎完全可以预测的能量模式围绕着整个发现过程。当某位领导者进入他们的信念时，那感觉就好像有人把房间里的灯打开，他们最喜欢的电影主题曲也开始被大声播放。

---

1. 译者注：X 世代，指出生于 20 世纪 60 年代中期至 70 年代末的一代人。
2. 译者注：婴儿潮一代指各国生育高峰期出生的一代人。在美国，"婴儿潮"一代是指二战结束后，1946 年初至 1964 年底出生的人。

当信念显现出来时，房间里的其他人都能感觉到它、意识到它，并受它的感染而充满活力。令人惊讶的是："我的信念是什么？"这个问题的答案，往往来自于我们生命中的疯狂冒险，这些冒险与我们目前在领导中所面对的混乱、复杂问题并没有什么不同。在那里，我们找到了一种能量和参与感，让我们的反应从"逃跑并隐藏"转变为"向前一步"，并将我们内心中的好奇孩童释放出来。

迪迪埃·达利马涅（Didier Dallemagne）就有一件有趣的经历。迪迪埃是在退休前 3 年、公司职业生涯即将结束时发现自己信念的。

那时我们正在公司培训中心里。我去过那里很多次，大部分时间都很沮丧，因为总有人说我们做得不好。这一次，当我给妻子打电话时，她说："你真的在培训中心吗？你听起来精力充沛，很积极——这不是你在培训中心常有的心情状态。"我认为找到自身信念能带来巨大活力。当我把自身信念和组织信念联系在一起时，我可以真正地将组织信念转换为我个人品牌的信念与使命。这种转变的意义非比寻常，因为你可以在组织中创造能量，将人们紧紧团结在信念周围。如果你所拥有的某些东西与你的事业一致，那就太棒了。信念能赋予能量，这是一个充满能量地领导他人前进的好机会。

另一个帮助我意识到信念与能量之间联系的，是当某些人被困住、无法表达他们信念的时候。有时，我会举办为期 3 天的培训课程项目，偶尔会有几名参与者无法找到隐藏在自己内心最深处的信念，他们显现出一种低能量的状态——一种几乎绝望的情绪。他们灰心丧气、焦躁不安，回家后也无法安眠。通常，我在几周后总会接到他们的电话，并且发生下列情况之一。

1.告诉我他们信念的明确表达、他们的能量水平以及对周围人的影响显著提升。他们就好像插上了插头，能量源源不断。

2.我没在电话中完成工作的最后一部分。实时改变瞬间发生——嘭！——能量被瞬间吸收。我们双方同时获得了这一体验，感受到了能量的涌现。

我们的生活充满了活力。我们渴望能量的原因是我们知道它有多重要，知道它对人的影响有多巨大。我们的信念能够让我们很容易地进入能量产生的地方。明天要进行重要汇报，但却一晚上睡不着觉？记住你的信念。你需要严格遵守折磨人的日程表，巡视多个站点，并且给予每个站点同等的关注，跟随你的信念。你必须与那些在会议上恨不得将你一撕两半，然后又让你干了6个月杂事的客户或老板打交道？问问你的信念，你应该如何看待刚刚发生的事。你想要更多的能量？与你的信念进行对话。

尼克·布拉西（Nic Brassey）——在热情和谦逊的平衡下，释放曼德拉（Mandela）的魔法

尼克·布拉西是个很好的例子。与其分享尼克生命旅程中的一小部分，我觉得不如分享他的整个旅程，这样我们能看到信念、能量、参与感、混乱、矛盾以及道德困境是如何共存的。

尼克·布拉西在南非长大，目睹了种族隔离制度的实施。他小时候上了一所种族混合的学校，看到了与他不同种族的朋友们所经历的一切。那时，所有有色人种都必须生活在被称为"城镇"的隔离社区中。当尼克回到家中做着作业时，他的朋友们却在苦苦应对语言和身体上的暴力。有时，他的朋友们回到城镇后就没了音信，几天后才回来，带着一身被毒打后的累累伤痕，他们讲述的遭遇令尼克惊吓不已。尼克受伤了吗？不，他的挑战是要生活在

一个残酷的政府体制中，这种体制会从每个人身上吸取生命能量。他的朋友们要么受压迫，要么在道德腐败的体制中被训练成压迫者。

种族隔离制度在尼克大学毕业时结束了。幸运的是，强制征兵制度也已经结束。他的大多数白人朋友们决定去银行赚大钱。尼克则决定走上一条相反的道路：他去了一家成人教育中心工作。在此后的两年里，他一直在教 55 到 60 岁的黑人男性读书写字。这些人每天都要挑战他、测试他——他们不明白他为什么要这样做。他们给尼克讲述了自己作为三等公民的悲惨生活，尼克静静地听着。他看到这些人喜极而泣，因为他们现在可以给孙子们读故事，帮助他们做家庭作业，他们可以独立坐公共汽车，或者读报纸，他们再也不必为不识字而感到羞耻。如果你想要一个每天早上起床的理由，那没有比这更好的了。尼克在工作时感到精力无比充沛，他所做的工作已经成为他看待自己、分辨事物重要与否的基础。如果一件事没有在他身上创造出这样的能量，那就不值得他去做。尼克没有逃避种族隔离制度带来的负面影响，反而他在勇敢面对时茁壮成长。尼克知道有不同的领导方式——开放的领导方式可以帮助人们成长，封闭或传统的领导方式则恰恰相反——他清楚地知道自己想要的领导方式是什么样子。

很多年后，他被派到佐治亚州的亚特兰大，目标是关闭一家有 300 名员工的工厂。但是，他的选择不止一个。他可以迅速关闭工厂，然后继续前进，这对他来说是最简单的方法。他也可以在关闭前让工厂继续营业一段时间，但这样一来他不得不去处理士气问题，以及人们在失去工作后所面临的问题。这一次，能量再次成为他选择的关键。关闭工厂不会让他获得"能量"。能够让尼克感到精力充沛的是：人们对自己的工作感到无比自豪——他希望他们这样离开。与佐治亚州劳工部合作，他设法重新安置了除自己以外的所有员工。他让工厂一直运行到了最后，在大家自豪的注视下关闭了它。他对每个人的帮助、为他们所做的每件小事，并没有消耗他的能量，这些事反而给了他更多的能量和积极的回忆。他从最后的结果中，获得了自己的奖励。这就是尼克·布拉西的信念表达：在热情和谦逊的平衡下，释放曼德拉的魔法。

最近，尼克遇到了我们前面提到的挑战之一：完成一次大型演讲，接触自己更深层次的信念。他一直对这个活动心生畏惧：他要为公司的400名顶尖员工组织一场为期一天的励志会议——用荷兰语。但是，他搬到荷兰担任人力资源高级副总裁不久，刚刚开始学习这门语言。对任何人来说，使用一门刚刚开始学习的语言进行会议讲话，都会感到害怕；加上要在公司400名顶尖雇员面前讲话，这足以让大部分人恐慌到逃离。他想与观众分享公司的一些特别之处。用尼克的话来说："我感觉到了巨大的能量，消除了所有恐惧和焦虑的想法。"你可以说尼克很傲慢，毕竟他到那里还没几天，对公司有什么了解呢？然而，就像在南非和亚特兰大一样，在信念的领域中，他知道一种可以释放活力和影响力的方法。他决定通过讲故事的方法释放组织中那些人的天赋。这么做的关键是，要让每个人都能体验到最好的故事。尼克的独特礼物就是领导这个会议，让那些从未讲述过自己故事的人在舞台上找到自己，向整个组织展示他们的天赋，将他们塑造成变革的榜样。对大部分人来说，只有在面试中才有讲述自己故事的机会。此后，我们听到的就只有我们什么事情没有做，或者什么事情没有做对做好。总之，尼克把这件事搞得天翻地覆。他的介入是激励与参与的核心，这是他信念的完整表达。人们到现在还在和他谈论这件事。

当然，尼克并不完美，我们都不完美。我们的信念会迫使我们更多地从信念开始进行领导，特别是我们对自己做的事情感到不舒服时。当工作进展顺利时，激励和参与都很容易。这时你的信念并不需要显现出来。尼克现有角色的挑战是，不要成为那个解决所有人问题的人。作为学科专家，这种工作方式曾帮助他走到现有位置，但继续这么做只会阻碍他。

正如我们所了解的那样，当我们将身份认同感的基础从专业身份转移到自身信念时，我们就找到了领导的坚实地面。尼克需要从专家向总经理及教练身份转变。他非常清楚自己的专业知识很大程度上阻碍了他的发展。"我明白我为什么那样做，但这妨碍了我的信念。"请记住，尼克的信念是"在热情和谦逊的平衡下，释放曼德拉的魔法"。

他意识到，当自己职位越来越高时，为他人解决问题这种领导行为并不能帮助他实现自己信念。相反，这会让他陷入泥潭。修复东西，或者做一些机械、简单的事情并不能帮助他人发挥潜力并获得成功。他的出发点是好的，但结果却适得其反。而且，即使这些事情对他来说很"容易"，也会消耗他的能量，而不是产生能量。尼克正在解决这个问题，他有一个很好的比喻，酒类爱好者们一定会欣赏的："就像一瓶好酒，我需要让我的领导才能发酵。"尼克意识到他的领导行为没有实现他的信念。他知道，这一刻是他改变一生的机会，可以让他从现有角色向高级领导层成熟过度——这是他希望自己未来几年能够生活的世界。"我觉得需要更多实践。当我想调动资源帮助他人成功——而不是调动资源帮助他们完成工作时，就会感觉很紧张。"

尼克会带着信念进行这些"对话"，这就是信念的力量。我们对"我是谁"以及"我要成为谁"有着深刻洞察，那么我们如何通过这一洞察力参与和激励自己呢？尼克正处于重大的转变之中：从他如何看待自己，到一个他已经准备好进入的新角色。这场重大转变的基础是：他现在的身份是基于他自身信念的，而不是他的角色或技能。他的能量来源是无法被他人夺取的，尽管以一种新的方式领导有时会带来压力。在下一章中，我们将学习一些有关压力的让人震惊的事实，以及我们要如何处理它。

思考

1. 你工作的组织中员工们的参与度与盖洛普的数据相比较，结果如何？

2. 就能量水平而言，1到10分，你给当前角色/职位中的自己几分？ （1分最低，10分最高）

3. 什么活动能给你带来最多能量？

4. 哪些活动消耗了你的能量？

5. 你能量充沛的时间占全部时间的百分比是多少？

6. 如果你的能量水平提高30%，会发生什么？

第十二章　影响：积极面对压力

你能想象一名登山者从洛子峰[1]一面开始攀爬珠穆朗玛峰时说"这真是太麻烦了"吗？登山者知道自己面对的压力。攀爬珠穆朗玛峰对他来说具有个人意义；这是他自己的选择。

——凯利·麦戈尼格尔（Kelly McGonigal）

我们的生活都有压力。你觉得自己的生活压力是攀登珠峰的另一个版本，还是认为这是一个应该解决的问题？如果说有什么事是信念能影响的，那就是我们与压力的关系。是的，压力，每个人都说它是不好的东西。但实际情况是，一旦压力与我们的信念联系在一起，就会对我们产生好处。在此我得说，我欠斯坦福大学的凯利·麦戈尼格尔一个人情，感谢她为我们提供的"压力有利"视角。我在采访高管们时注意到一种现象，她的理论帮助我解开了这一谜团：很多人一旦明确了自身信念，就会感到大量的压力。和大多数人一样，我也曾经相信大量压力是有害的。领导者们反复告诉我说，一旦他们开始信念领导，就会感到更大的压力。但与此同时，他们也变得更有活力、更好奇、更勇敢。这怎么可能？

---

1. 译者注：洛子峰，英文名 Lhotse，海拔 8516 米，为世界第四高峰。洛子峰意为"南面的山峰"，因为它地处珠穆朗玛峰以南 3 千米处。

事实证明，跟随信念的引领会大大增加你的压力水平。本书中的大量故事都是关于一些人选择了一组能显著增加自己压力水平的行动。是的，那些每个人都说对你不好的事情，实际上是你信念领导的展现。好消息是，信念能够重新调整我们与压力的关系。

在信念与压力之中的冒险

压力是个严肃的话题，但我想以一个有趣的故事开始这一章。我经常会为真实领导力和信念课程的老学友们安排一场为期 3 天的交流会。不久前，我召集了 4 位高级领导者参加了这项活动。周六下午，我决定带领他们乘坐我的小船在附近的湖中航行。

在你读这个故事之前，先看看这个团体的信念表达。在前面的章节中，你已经见过他们中的大多数。

史黛西——投入这场有价值的战斗，把你的头发吹回去。

乔斯坦——帮助那些从事真正重要事情的人们，让他们在矛盾与不确定中茁壮成长。

克里斯蒂娜——激励放风筝的人制造火箭。

米格尔——成为讲故事的队长，照亮人们。

尼克——叫醒你，让你回家。

想一想，一群这样的人聚在一起会发生什么？这会是一次风平浪静的小小航行冒险，还是一场让一切都消失殆尽的狂风暴雨？

沙滩上孩子们在玩耍，远处能看到几艘帆船。我查看了下天气，注意到晚间可能会有雷暴天气。"好的，"我说："我们会早去早回，一切都会好的。"两名团队成员都是经验丰富的水手——怎么可能会出问题？除此之外，我的帆船是一艘三体船，它有一个主体和两个密封的外浮筒，这使它几乎不可能倾覆。

带着好酒、寿司和其他聚会必需品，我们开始了湖上之旅，每个人都玩得很开心。同时，云彩也开始聚集。我查看了下手机上的雷达程序，对大家说："如果我们现在转向回家，一切都没问题。"克里斯蒂娜还向世界一流的水手乔斯坦询问，这艘船是否会翻。乔斯坦回答说："让它翻船几乎是不可能的事情。"一分钟后，每小时 50 英里的狂风袭击了我们，犹如慢动作一般，船开始倾覆！

酒、寿司、手机和大部分人都被扔进了湖里。幸运的是，出于某些我现在都没弄清的原因，这艘船最后只翻了三分之二。克里斯蒂娜头朝下脚朝上地挂在船上，她问我们这艘船会不会完全翻过去。"是时候放手了，"我们告诉她，"这艘船哪儿也不去了。"

就在这时，暴风雨无情地向我们袭来，风浪也在不断增强。在此期间，每个人都非常冷静和专注。当时我没意识到，团队中的所有人都有一个共同信念，那就是在风暴中保持冷静。但他们不仅仅冷静，而且比过去两天中的任何时候都更有活力。没有慌乱，没有歇斯底里地喊叫，只有一组平静的声音讨论着下一步该做什么。史黛西指着远处一艘汽艇，一边挥手一边说："这比航行有趣多了！"

汽艇在我们身旁停了下来："你们需要帮助吗？"我们中的两人游过去爬上了船。剩下的我们 3 个本应是经验丰富的水手，却泡在水中不知所措：你怎么才能把三体船正过来呢？

如果它几乎不可能翻船，那也意味着翻过去就几乎无法再翻回来。

米格尔意识到，如果是每小时 50 英里的风让我们翻的船，那我们只需要等待下一阵风就能让它正过来。他的想法比我要清楚得多，我一直纠结于如何把船翻过来。他和乔斯坦建议我们用身体重量调整船的倾斜角度，等待下一阵狂风的来临。米格尔和我用尽全力拉起沉在水里的主帆。

一阵狂风袭来，慢慢地、慢慢地，船正了过来！我们现在正坐着一艘有着半船水的帆船在湖中航行，并试图在风暴完全袭来之前驶到最近的海岸。龙卷风警报开始响起，我们真的没多少时间了。

我们慢慢地驶到岸边，然后将船绑在一棵树上，祈祷暴风雨过后它还会在那里。汽艇上的人带着我们以最快的速度向码头上的安全区域驶去。

当我们都挤进车里时，大家齐声说："让我们再来一次！"当笑声停止时，我真切地意识到，这就是这群人的日常生活。他们的工作和信念会将他们扔进类似的境地，而他们则在其中茁壮成长。

我们离开沙滩回到我的家中。在路上发现一棵树倒了下来，电线在车道上闪着火花。大多数人都会对此抓狂，但这群人却不会。团队中的一员平静地把电线移到一边。那天晚上，我们又找出了一些酒，聚在一起重述着我们历险的故事，等待着能量的恢复。

我经常在学友聚会上看到这个团体的成员，他们渴望听到来自学友们的分享。当他们讲述这段冒险经历时，所有人都笑得很厉害。这一点告诉我们：你在喝酒时分享的故事——那些最有戏剧性、乐趣和魔力的故事——往往也是压力和信念感最大的故事。欢迎你也分享你的信念带来的故事，愿你珍惜压力，把它当作你最有天赋的朋友。

压力的产生

那么，什么是压力？当我们的利益受到明显或潜在威胁时，就会产生压力。压力是人体系统应对威胁的自然反应。我们有几种应对压力的方法，最常听到的就是所谓的"战或逃"反应。

"战或逃"反应出现的经典场景有：必须在一大群人面前进行演讲的惊慌

失措；身处一场重要考试，大脑里却一片空白；老板在所有人面前将我们斥责得体无完肤，我们心神不定、张口结舌；股市大跌时，慌不择路地卖出所有股票；当汽车用尽所有汽油抛锚在偏僻的地方，远处又有人走来时，我们的脑海中蹦出最糟糕的可能场景。

不管是真实存在还是想象中的，压力事件会导致人体的交感神经系统产生"战或逃"的反应。此时，身体会产生很多的皮质醇和肾上腺素，进而导致心率提高、能量消耗大幅增加、肌肉紧绷、血压升高、出汗和警惕性提高——所有这些都是为了在身体受到威胁时帮助我们保护自己的。为了做到这一点，我们的身体做出了权衡，减缓了不必要的身体功能，包括我们的消化系统和免疫系统。这就是为什么持续处于高压力环境，会让我们更容易疲累、生病的原因。

压力悖论

信念会让你更容易陷入高压力环境。正如凯利·麦戈尼格尔提醒我们的那样：

如果你更轻松地对待你的生活，不理会带给你压力的每件事情，那你根本不会过上理想的生活。你会发现那些帮助你成长的宝贵经历、让你自豪无比的冒险与挑战，以及定义你是谁的人际关系，也会减少至消失不见。你可能让你自己远离了不适，但你同时也剥夺了自己存在的意义。

想象一下，如果要你对以下状况的符合程度进行 1 到 10 的打分："回顾我所有的经历，我觉得我的生活是有意义的。"然后接着要你确定你生活中有压力的事件的数量。这两个答案之间会有怎样的关系？斯坦福大学和佛罗里达州立大学的一组研究人员对 18 至 78 岁的美国成年人做了大量的研究。他们发现，那些认为自己生活最有意义的人经历的压力事件并不是最少，而是最多的。同样，在研究时处于压力之下的人，会感觉他们的生活比那些当时没有压力的"幸运儿"更有意义。

这一研究结果和其他数据直接引导出了麦戈尼格尔的结论："压力似乎是信念感驱使的积极参与与追求目标的必然结果。"

一项对英国 9000 多名成年人进行的为期 10 年的研究表明，那些生活压力大但感觉生活有意义的人的死亡率，在每个年龄段都降低了 30%。

让我们再展示一个有趣数据。盖洛普的研究人员对来自 121 个国家的 12.5 万多人进行了调查，他们问了一个问题：你昨天感到压力很大吗？然后，他们将获得的压力指数与每个国家的幸福程度、预期寿命和 GDP 数值进行关联分析。他们预期得到的结果是：压力越高，对应的几项指标结果就越差。令人惊讶的是，结果恰恰相反。每个国家的幸福程度、预期寿命和 GDP 数值与压力指数呈正向关系。即更高的压力水平与更好的健康、更高的生活水平和更强的社会意识相互关联。

那么，压力的负面影响都跑哪里去了呢？

积极面对压力

事实证明，人体对压力有多种反应。我们并不是每次都"战或逃"。我们是有选择的，很多时候，我们会选择一种完全不同的方式来处理我们生活中遇到的问题。

我们有一种更积极、更有效的应对方式，研究人员将其称为"挑战应对"模式。例如，一名运动员在重大比赛的最关键时刻表现出色、力挽狂澜，这就是"挑战应对"式反应。当你担负巨大工作压力，团队中的每个人都指望着你的工作成果时，你就身处在"挑战应对"模式。那一天，我在几近倾覆的帆船旁看到，每个人都在"挑战应对"模式下全神贯注地忙碌着。这激励着我们迎接挑战，增强了我们的自信，并让我们对未知事物充满了好奇心。

这并不是说，在过去 10 年里我采访过或共事过的所有领导者都没有采取"战或逃"模式应对问题。我们都是奇妙的人类，本质上并没有什么差别。不同的是，这些人决定向其他人逃避的地方前进；是他们把所有人聚集在一起，给了大家前进的方向。

为什么信念能够帮助进入"挑战应对"的压力反应模式？面对不同的压力反应模式，影响你选择的关键因素，是你对自己能力（处理当前问题）的内部评估。换句话说，如果你认为自己的能力不足以应付当前情况，你就会选择"战或逃"的反应模式。如果你相信自己能够成功，你就会选择"挑战应对"模式。要想将"战或逃"模式转化为"挑战应对"模式，你需要将注意力集中在你可控的可用资源上。

研究人员发现许多可以帮助人们进入"挑战应对"模式的方法：

· 回顾自己成功解决类似困境的经历。

· 提醒自己，你重视的人都在支持你。

· 祈祷，或者相信他人正在为你祈祷。

我们可以在这个列表中添加一种新方法："跟随你的信念"。从我的采访和亲身观察来看，当情况坏得无法再坏时，进入信念的领域可以帮助你切换到"挑战应对"模式。以下是我经常听到或见到的几个例子。

卢卡（Luca）——解放我和他人心中的完美海鸥

对自身信念的思考改变了所有事。它改变了我对自己的看法，改变了我的选择和行动。我会回到不安和恐惧中吗？是的，我会这样的。但随后我又会回到我的信念。在我事无巨细地对每个人进行微管理、累到要死时，它给了我足够的力量去真正地领导。

乔纳森（Jonathan）——为我关心的人解决问题

我会将我的信念视为资源加以利用，我会问：在这种情况下我要如何实现我的信念？这是一个完全属于你的空间，可以帮助你集中自己的专注力。

哈纳（Hana）——掌控各种想法，进行美丽设计

信念是我的依靠。我一直都是本能地将自己扔到无数的事情中。但因为我的信念是进行美丽设计，所以现在我会后退几步，在大脑中描绘好计划和步骤。信念让我不再进入恐慌模式。

德克（Dirk）——奔向未知，让我们找到哨声

从根本上说，我的信念就是应对更多挑战。踏入未知领域，创造新事物。跑进一片黑暗的树林里，决心找到远处的哨声。在进行团队合作时，我喜欢克服焦虑，将优势聚在一起，在前进的过程中克服重重障碍，最终到达我们的目的地。

所有压力反应都是身体在准备应对潜在危险。无论是"战或逃"模式，还是"挑战应对"模式，心脏都会跳动得更快，将更多血液输送到身体各部分。然而，"战或逃"模式还有额外的负面影响，它会让我们的身体产生更多的皮质醇。皮质醇会以最快的速度带给我们能量，但它同时也关闭了我们的免疫系统。再加上愤怒或恐惧的情绪，事情很容易就会升级。

"挑战应对"模式也会提高你的心率，但在这种情况下你会感到精力充沛。研究表明，当我们表现出色时，没有人会在压力下真正"冷静"。在"挑战应对"模式下，除了常有的紧张感，我们还会感到更加专注、清醒，对结果

的态度也更加积极。我们会对可能发生的事情感到兴奋不已，并为此努力奋斗。那么，当压力袭来时，我们体内的化学反应又会如何呢？"挑战模式"的不同之处在于，身体会释放出更高水平的脱氢表雄酮。这种激素使我们的大脑能够在突如其来的压力中保持学习能力，并在压力过后帮助我们的身体进行恢复。因此，当我们选择"挑战应对"模式时，我们不仅获得了克服压力所需的能量，事后还能从这段经验中学习受益。

我在高管学友们身上看到的另一件事是，他们在严峻挑战中更倾向于联系他人并让他人参与其中。很少有人会谈到孤独或独立、专注的行动。在"挑战应对"模式中，选择让他人加入我们，会激发另一种激素——催产素的释放。一些压力研究人员将催产素称为勇气激素。科学家已经证实催产素水平升高会：

- 增加与他人交流的欲望；
- 提高辨别他人想法和感受的能力；
- 提高同理心和直觉；
- 提高信任和帮助他人的意愿水平；
- 减少恐惧和"战或逃"的反应。

每个人多多少少都有过类似的经历，感受到催产素带来的温暖光辉。那么，那些一而再、再而三地选择进入艰难境遇的领导者们，又会产生怎样的变化呢？研究表明，在"挑战应对"模式下，大脑能够从这些艰难境遇中充分学习。在脱氢表雄酮的帮助下，我们经历的越多，大脑的运转速度就越快，进而提高"挑战应对"模式的反应水平。

心理学家称之为"压力免疫"。这有助于解释为什么在那些压力很大的职业场景中（急诊室、战斗、消防），培训的重点是重复模拟演练：重复演练可以使参与者更容易进入"挑战应对"模式。我们做得越多，进入压力反应时就会越舒服。

对你和我来说，这意味着每天都是训练日。

从紧张到专注的转变

一旦我们进入自身信念，寻找到这段经历对我们的意义，那么就会改变我们与事件之间的关系，不管它有多么难。同时，我们还会从充满压力的紧张，过渡到信念满满的专注。

麦克（Mac）——继续杀死巨人、改变世界的探索

如果你的信念表达是"继续杀死巨人、改变世界的探索"，那么你认为你的压力反应模式会是什么？现在，请让我为你介绍麦克，一位从"战或逃"模式转变为"挑战应对"模式的领导者。

对麦克来说，"探索"指的是将生活视为一次冒险旅程，而不是目的地。你永远无法完成这一旅程，因为总有下一个巨人等着你去杀。"杀死巨人"源于他童年对电子游戏的热爱以及在玩任天堂拳击游戏《*Punch Out！*》时体验到的神奇时刻。12 岁时，麦克能熟练地在游戏中击败迈克·泰森（Mike Tyson）。每当此时，他的邻居们都会跑来观战、欢呼，好像一场真实拳击比赛一样。麦克的信念和童年记忆都是关于毅力、战斗、克服障碍、做好事和享受旅途的。他喜欢接受别人无法面对的严峻挑战。"改变世界"是因为麦克想要有所作为，这是他的毕生愿望。从危地马拉的和平护卫队（Peace Corps）志愿人员，到现在的某大型基金会全球卫生与发展组织中的职位，麦克担任过的这些角色都是这一愿望的体现。

麦克的童年充满了不稳定与变化。他出生时，他的母亲只有 18 岁，他的父亲是一名拳击手——职业拳击手迈克·泰森。他的父母在他年幼时就离婚了，他经常搬家、换学校、换社区，不断地建立新的人际关系。那个时候，

变化让他很痛苦；不过现在，他已经能轻松自在地面对任何变化。斯坦福大学的凯伦·帕克（Karen Parker）的研究表明，早年的压力不仅不会让我们变得脆弱，反而会促使大脑以减少恐惧反应、加强冲动控制和产生积极动机的方式发展。麦克就是一个很好的例子，他总是房间里最冷静的那个人。毫不奇怪的是，他对拳击的热情多年不减。他每周要去健身房两次，他说："我认为我不能离开拳击。"练习拳击所需要的精神专注度及其对身体的训练是他成为自己的核心所在。他的"杀死巨人"的信念给了他一种有趣的锻炼方式，让他可以去改变世界，而不是被世界改变！

麦克喜欢热气腾腾的厨房。对他来说，要找到需要极高能量与参与感的职业环境并不容易。他说："当你不想去的时候，那些强硬的东西也会找到你，那是没有人想去的地方。"他最近经历的压力最大的体验，是 2014 年基金会应对埃博拉病毒时。那几个月，他每天工作 12 到 14 个小时，但却精力充沛、充满动力，并且以最佳状态担负起高级领导、执行团队和西非实地合作伙伴之间的交流交接工作。

只有信念才能将一个关于战斗的比喻，转变成"挑战应对"模式的反应。当埃博拉应对工作起效后，随之而来的是一系列的内部重组，一位麦克十分喜欢并甘心为之工作的老板离开了，"战或逃"的反应控制了当时的局势。在逃离模式下，麦克进行了第一次的休假——也只有 3 周时间。在"休假"期间，他一直在思考自己的信念。他意识到自己可以成为变革的受害者，然后继续前进；也可以挺身而出，领导和帮助他人。在那之前，麦克一直是一名优秀的大副，但他从没当过船长。如果他继续留在这个组织，那他将不得不成为船长，肩负起组织变革的重任，彻底改变组织的运作方式。组织的首席执行官和高层管理团队都相信他，但他相信自己吗？他将成为推动变革的前锋和中坚力量，他必须成功。他不停地提醒自己："做你自己，做最好的自己，忠于'你是谁'。"

我们在他度假前进行了一番交谈，我感觉他十分强烈地想要离开，找个地方好好思考一下。当领导者发现自己被"战或逃"的反应控制时，我经常看到这种模式：他们会本能地休息一下，给自己时间思考和呼吸。我们在这些关键时刻的行为揭示了我们的本性，并决定了我们的人生道路。我们是要跟随信念的领导，还是低头继续前进？在对领导者们进行采访时，我注意到这种情况：我们越是从自己的信念出发，从"战或逃"模式转换到"挑战应对"模式的时间就越短。我们都会在"战或逃"模式中花费一点时间，这是不可避免的，但我们的信念会帮助我们更快地摆脱它。

在这 3 个星期里，麦克不仅思考了自己的信念，还回顾了他的童年故事、激情以及熔炉时刻，他找到了贯穿自身信念的那条线。所有这些故事和经历改变了他对自己的看法。他的身份不再是一名出色的大副，相反，他找到了自己作为领导者的信念。从这里开始，他终于可以抬起头面对未来，看到信念这条线的前进方向，并全身心地投入到新的领导角色中。当你清楚你是谁以及你的信念时，当你明确地知道自己的前进方向时，你就可以规划出一条道路。休息 3 周之后，麦克报告说："好消息是，我的信念重置了我的状态。信念给我一种脚踏实地的感觉，让我能振奋起来。我不知道如果没有坚实的基础，我的攻击会产生怎样的效果。"

今天，麦克已经全身心地投入到了这场游戏中，身为一名称职的领导者，他的日常庞大而复杂。他喜欢驱动整个系统的运转。他的工作重点是帮助人们精力充沛地茁壮成长。他很清楚，他必须放弃过去的工作方式，掌握新的、适合 VUCA 世界的领导模式。"我不认为颠覆性思维能颠覆每一个人，但它是我们需要的。我会用我的信念来检查自己。我是否忠于我的信念？如果不是，那么我会重启自己，重新来过。"

你愿意为麦克工作吗？到目前为止，他是我认识的最善良、最冷静的人之一。他锋利但不咄咄逼人，以行动为导向却并不夸张，充满活力但不会兴奋过头，在与我共事过的数千名领导者中，他是最能让我心甘情愿跟随的。当然，他并不是唯一的从"战或逃"转变到"挑战应对"模式的精彩案例，只是我恰好选择了他而已。

如果不知道自己的信念，那麦克会成为谁？我的感觉是，他的信念一直在引领着他，但他想的是放弃位高权重的领导职位，在一个类似组织的类似部门中寻找一个舒适的大副型角色。他从没有预料到自己会走到现在这一步，但这本书告诉我们，信念并不在乎我们渴望什么或思考什么，有时它对我们有着自己的计划，我们只需要听从它就好了。

在我们的生活中，大多数人都不需要去寻找压力，因为压力似乎无处不在。在过去的 30 年里，我一直在从事"转型"业务。在我工作过的每一个组织里，我都听到了相同的声音："我们必须学会如何用更少的钱做更多的事。"这是一种大趋势：将更多的责任强加给更少的人，没有任何事情能阻碍这种趋势的迅速蔓延。我们生活在一个充斥着裁员、重组和并购的世界里。在某些方面，我们唯一能控制的事情就是我们处理压力的方式，因为双倍的工作、遍布世界各地的会议、每周 7 天每天 24 小时的电子邮件和短信将会存在很长一段时间。信念正在等待着你，它会给你意义与信心，通过这些你可以从"威胁应对"模式转化为"挑战应对"模式。

在《压力的积极面》（*The Upside of Stress*）一书中，凯利·麦戈尼格尔告诉我们：多年前对压力的研究结果至今依然有效。1975 年，芝加哥大学的萨尔瓦托雷·麦迪博士（Dr. Salvatore Maddi）说服伊利诺伊州贝尔电话公司的副总裁卡尔·霍恩（Carl Horn）允许他的团队跟踪 430 名主管、经理和高管，研究他们对压力的反应。1981 年，在这项研究进行的第 6 年，取消对电话行业的管制对贝尔电话公司产生了巨大冲击。这家公司做了今天大多数公司都会做的事情：它在一年内裁减了 2.6 万名员工的 50%！

今天，我们已经非常熟悉这一压力应对模式，却对 1981 年这件事一无所知。这是历史上第一次大规模裁员。要知道，那是一份工作可以做一生的时代啊！

麦迪博士在 20 世纪 70 年代对公司压力的研究收获颇丰，因为他和他的团队一直在跟踪那些拥有那个时代无法想象的高职业压力的人们。实际上，他们一直跟踪原贝尔电话公司的 430 人长达 12 年。一直到 1987 年，每年都会对这些参与者进行心理调查、访谈、业绩观察，甚至医疗检查。

大约三分之二的参与者显示出"战或逃"的压力反应，并伴随有业绩不良、抑郁、倦怠、肥胖、心脏病、离婚和许多其他有害症状。然而，另三分之一的人却风生水起！同样的环境却引发了完全不同的反应。他们健康、充满活力、表现出色，即使他们被解雇、不得不去找新的工作，他们的状态也会一直保持如此。麦迪的研究结果早在"挑战应对"这个概念流行前就已完成；他看到了这些"顽强"人士的特质：在压力中成长的勇气。

他对这些"顽强"人士的观察结论，与你现在知道的很相似。原贝尔电话公司的三分之一管理人能在困境下茁壮成长，是因为他们都具有这样的态度：

- 压力是冒险的一部分。压力会带来意义和成长；如果没有压力，就没有意义或成长。

- 无论感觉多么糟糕，天都不会塌下来。压力就像天气，如果你等得够久，它就会变。

- 当其他人逃走时保持全身心投入工作，这在充满挑战的时代已是常态。

- 我们总是会有选择和可用资源。即使在最坏的情况下，找到光明的能力也总会存在："勇敢面对，我会成为一个更棒的人。"

正如麦戈尼格尔指出的："持有这种态度的人对压力会有不同反应。在压力下他们更倾向于采取行动、与他人建立关系。他们很少会采取敌对态度或防御姿态。他们更会照顾自己——身体上、情感上以及精神上。他们储备了一种力量，来支持自己面对生活挑战。"

我希望你开始意识到，压力并不是一无是处。有信念的生活不是没有压力的生活。下次，当你真正感到压力时，看看后视镜，你的信念或许正在对你微笑。

思考

进行以下关于压力和信念的练习：

1. 寻找一些生活中既有意义也会给你带来压力的事物：

 • 为什么这一活动、关系或项目对你如此重要？

 • 如果你突然失去这一意义来源，会对你产生什么影响？

 • 它与你的信念有什么关系？

2. 想想你在生活中参与过的最有信念感的活动：

 • 它会给你带来压力吗？

 • 与其他活动相比，这些压力经历有什么不同？

 • 如果你能选择再做一次，你会吗？为什么？

第十三章　影响：勇敢面对未知，做正确的事

增加我们对诚实行为和正派思想的钦佩，不因我们对虚伪和谎言的仇恨而减少。鼓励我们通过努力过上更好的生活。让我们选择更难的正确，而不是更容易的错误，并且在可以获得全部真实时，绝不因为半真而满足。

——西点军校学员祈祷词

我与几乎所有领域和行业的领导者、高管合作过，但我最难忘的经历之一是站在西点军校的一个教员小组面前。房间里的 40 人中，约有一半是职业教育工作者。另一半是现役军官，正在进行为期 3 年的学习，其中包括高级硕士课程；此后他们要进行两到三年的教学，或负责一个大约有 130 名学员的公司。尽管他们的情况在很多方面都是独一无二的，但这群人和我以前接触过的领导者都有共同之处：他们的信念已经引领他们很长一段时间，他们只是不知道那是什么而已。

直面未知

我与来自各行各业、世界各地的领导们都有过接触，在与他们的谈话中我找到了他们的共同经历。他们不仅会选择难做的正确之事，而不是容易的错误之事，而且面对未知时他们也会明确地做到这一点。目标的明确性可以帮助他们做出重大抉择，虽然这些决定在他人看来可能过于冒险，但他们自己

却有种"终于回到家"的感觉。在今天的世界，没有什么比信念的这种特殊效果更有价值了。

学友告诉我们，那些重大决策——没有数据资料可以依靠——往往受到了信念及其提供的明确性和信心的影响。信念就像指南针，指引我们走向更深层次的真理。作为领导者，我们的大部分时间只是在做好管理工作，但这是收集数据、寻找道路、做出理性判断的基础。而真正的领导（包括领导自己和他人），则是去他人没有去过的地方。那里没有现成的路可以走，也没有任何历史经验和相关知识让我们依赖。

我们都会做的重大决定，就是选择从事哪一种职业、接受或拒绝哪一份工作。我在西点军校采访过的每一位人员，都在职业生涯的早期做出了非常明确的选择，这对他们来说具有长远的意义。当你选择军人作为职业时，你赚的钱不会像你的同龄人那么多。在大多数情况下，你无法控制你的工作或任务。你不能随便辞职，你可能每两三年就要搬一次家，不管你有没有家人。如果"幸运"，你可以继续迎接更多挑战——那些让无数人受伤或死亡的挑战。许多人参与了多次任务，其中一些人因此终生残疾。几乎所有人都失去过朋友。

我们中的大多数人从没做出过这样的牺牲，未来也不会，但这不是问题所在。回头看看你做过的最艰难的决策，当时你有需要的所有数据吗？我们中没人会有这些东西，但是，我们知道它是正确的。即使一切都变得疯狂，我们也知道自己是否选择了难做的正确之事。

我们每个人都可以回顾我们的生活，回忆我们的决定对自己和周围的人产生巨大改变的时刻。当我们选择难做的正确之事时，我们会审视自己的内心，并采取尊重自己的行动。简单的错误从来都不难抓住——我们认为生活应该"更容易"一些。然而，很多人却终日后悔，希望当初能听从自己信念的声音。

信念能够显著提高你的感知能力——"知道"你需要做什么，特别是全世界都要求你接受另外的选择时。

做难做的正确之事，而不是容易的错误之事

那些我们尊敬和敬佩的人——那些我们认为的"伟大"的人——完成的大部分事情，都是没道理的。当他们决定这么做时，没人认为这是个好主意。更重要的是，他们带给世界的独特礼物，我们现在可以很容易地看到、感知到。伽利略、莫奈、海伦·凯勒、曼德拉、甘地、林肯、富兰克林·罗斯福、罗莎·帕克斯、史蒂夫·乔布斯、亨利·福特……所有这些人都站出来反对当时的主流世界观，并带来了一些让世界变得更美好的东西。在我们自己的生活中，我们每个人都必须正视这个问题并回答：哪些是我们要做的"难做的正确"决定？我们需要采取什么行动？

普莱拉娜·伊萨尔（Prerana Issar）——成为世界积极变革的催化剂，特别是妇女领域

普莱拉娜·伊萨尔是选择难做的正确之事的典范。当我遇到普莱拉娜时，她非常不开心。她在印度长大，在人力资源领域工作。她接受了一个工作地点在伦敦的全球性职位，希望自己能继续沿着这个组织快速发展的轨迹前进。当她3岁的女儿问她，为什么为了工作整天都在旅行时，普莱拉娜对自己的回答并不满意。她想要一个更有说服力的答案——对她女儿和她自己来说都是如此。环顾四周，普莱拉娜发现了两个她很感兴趣的机会。其中，最合乎逻辑的选择是：留在伦敦，成为世界上最著名的消费品牌的欧洲地区人力资源部主管。此外，这也会让她的丈夫和孩子们更加开心，毕竟他们已经在伦敦安顿下来。

另一份工作则存在着巨大风险，这意味着普莱拉娜和孩子们不得不搬去意大利的罗马，而她的丈夫则继续留在伦敦工作。除此之外，这项工作还需要她经常前往地球上最危险的一些地方。该职位是联合国世界粮食计划署的首席人力资源官。粮食计划署是世界上最大的人道主义机构，为全世界所有联合国难民营以及战争地区和危机中的非难民提供粮食。她要去的不是柏林、巴黎或哥本哈根等时髦地区的咖啡店，而是南苏丹、叙利亚、约旦、尼日尔等世界上最弱势的群体居住的地方。2017 年，粮食计划署提供了 70 亿美元的粮食援助，占世界粮食援助的 60%。

这个人力资源职位有几个不寻常的职责。世界粮食计划署总部的墙上有一块牌匾，上面展示了在为该组织服务期间死亡的雇员名字。普莱拉娜的责任之一，是帮助长期处于危险环境中的世界粮食计划署雇员减少临危受命的频率——此时，这些雇员正在炮火纷飞、人质劫持频发的地区帮助人们解决温饱问题。

在访谈中，领导者们一次又一次告诉我，当人们将责任推卸给他人时，他们的信念是如何帮助他们确认对与错的。没有人告诉我说，信念让他们的生活变得更容易——但它的确让事情变得清楚很多。

普莱拉娜一直在为该选择哪份工作而踌躇不前。在世界级大公司工作会让她的丈夫和孩子们感到高兴，也会给她带来很好的报酬。作为一个母亲，她应该接受这份工作。另一方面，将自己的专业知识带到一个从事高尚事业的联合国组织，光是想想这种可能性就让普莱拉娜兴奋不已。但这是一个非常危险的举动，因为她没有在人道主义部门工作的经验。将两份工作的利弊全部列出，并不能帮助她做出最后决定，她也没有征求周围人的意见。

我问了她一个很简单的问题："如果让你的信念来做决定，你会选哪份工作？"

普莱拉娜的信念是"成为世界积极变革的催化剂，特别是妇女领域"。她在14岁时感受到愤怒，并决定贴出海报挑战印度的种姓制度。更危险的是，她和她的朋友们是在宵禁后做的。幸运的是，她没有被抓住，但这表明了她是一个甘愿为正确的事冒极大风险的人。

所以，当我问她这个问题时，她笑了，因为她意识到这个决定其实很容易。世界粮食计划署80%的服务对象是妇女和儿童。除了结束20年的企业职业生涯，跳进位于罗马的世界粮食计划署，她还有什么其他方法实现自己的信念呢？

为世界粮食计划署工作需要她做出巨大调整。在头18个月中的每一天，普莱拉娜都要面对她从未遇到过的问题，包括资源缺乏问题——这是她在大企业工作中从未遇到的情况。我们每隔几个月就会交谈一次，每次她都要花费10分钟强调她需要完成的工作有多么的不可能、多么的疯狂。然后她会平静下来，重新回忆起这个角色带给她内心的壮丽与辉煌——这就是她实现自己信念的最佳场所。

普莱拉娜的决定意味着她无法经常见到丈夫，孩子们也无法随时见到她。信念没有让生活变得简单。有意义、有影响力的生活就是这个样子，很多时候看上去并不"正常"。除此之外，普莱拉娜要处理那些根本不该由人力资源部门处理的问题。因为埃博拉病毒的爆发和数百万叙利亚难民的流动，大大增加了世界粮食计划署和她的工作难度，这已经远远超出她的"预期"。粮食计划署的工作原则是一次处理一个重大危机，但在过去几年中，粮食计划署一直在同时处理五六个危机。普莱拉娜在世界粮食计划署的同事们甚至给她起了个昵称："英勇女士"。

普莱拉娜并不后悔。她致力于"大规模"地实现她的信念，就像她告诉我的那样。欢迎来到我们这个VUCA [volatility（易变性）、uncertainty（不确定性）、complexity（复杂性）、ambiguity（模糊性）的缩写]世界。

在重要时刻选择做正确的事

埃弗雷特·斯派恩（Everett Spain）——管理我的天赋、爱、敬重的上帝和我的家庭，让世界变得更美好

让我们回到西点军校。我的同事——埃弗雷特·斯派恩，目前正领导着西点军校的行为科学系和领导力系。他的生命旅途，就是一部选择"难做的正确"，拒绝"容易的错误"的历史。埃弗雷特的信念是"管理我的天赋、爱、敬重的上帝和我的家庭，让世界变得更美好"。

这是本书中第一次分享包含"上帝"和"爱"这两个词的信念表达，所以值得我们展开谈谈。有趣的是，在世界各地，这两个词往往会让人苦苦挣扎。我们每个人都有对自己来说十分重要的词句，但这些词句对其他人来说往往是没有意义的。"上帝"和"爱"这两个词对一些人来说是最重要的，我们必须尊重它。记住，重要的并不是词汇本身，而是它对我们信念的意义。

当我们与西点军校的教职员工合作时，令我惊讶的是：他们一半以上的人的信念表达中会出现"上帝"和／或"爱"这两个词。虽然这些词也会出现在企业界，但频率要低得多。但是，如果你的工作有让你成为终身残废或被杀害的可能性，那么这两个词出现在你的信念表达中也就不足为奇了。同样，在神职人员身上我们也能看到类似的模式。毕竟，这两种职业都是为了更崇高的事业服务的。

埃弗雷特·斯派恩以西点军校第三名的成绩毕业，然后按部就班地开始了他的职业生涯。第82空降师和特别行动队训练学校是他职业旅途的一部分。在科索沃和欧洲地区指挥部工作时，他已有妻子和四个孩子，那段生活十分忙碌。在伊拉克增兵期间，他最大的"难做的正确决定"是担任大卫·彼得雷乌斯将军（General David Petraeus）为期19个月的副官。那段期间，他接连几个月无法见到他的家人，仅有的探视时间也非常短。信念并不是为了舒适而存在的。当他很快就会成为将军时，埃弗雷特选择了另一条路，并无视周围人的劝告。不，他没有离开军队，但在大多数人看来他确实离开了军队。他决定成为一名学者，并获得了工商管理和领导学博士学位。这个决定意味着他无法在军队系统继续升迁，不过看到他目前的角色职位，我们可以说他当初的选择是明智的。

埃弗雷特对这一选择深思良久。但很多时候，我们必须做出这样的选择：是难做的正确之事，还是容易的错误之事？这个决定将对我们自己和我们周围的人产生巨大的影响。在攻读博士学位时，埃弗雷特决定为参加波士顿马拉松赛进行训练。2013 年 4 月 15 日，埃弗雷特为他的朋友——58 岁的视力障碍者史蒂夫·萨布拉（Steve Sabra）担任波士顿马拉松的盲人向导。"第一枚炸弹爆炸地距离终点约 100 米。斯派恩上校将萨布拉先生拉过了终点，并将他转移给马拉松大赛的工作人员，然后跑到爆炸现场救助受伤人员。他将他的衬衫作为止血带为一名受害者包扎，同时安慰这名受害者不知所措的女儿。此后，斯派恩上校继续救助了几名受伤者，并协助搜寻被困受害者，疏散一栋他认为被纵火的建筑物里的人群。"

在医疗帐篷里，埃弗雷特看到一名妇女四肢多处烧伤严重，她独自一人躺在急救轮床上，脸色苍白，浑身发抖。埃弗雷特给她盖上了一条毯子，然后安慰她，牵着她的手并陪她上了去波士顿医疗中心的救护车。

一年后，在很多大爆炸幸存者及其家属的见证下，埃弗雷特·斯派恩获得了士兵勋章，这是美国军队授予的在非战斗局势中英勇表现的最高荣誉。他一直尽量避免引起公众的注意，但军队要求他在授予仪式上发表讲话。下面我摘录了一段他当时的讲话，这些内容展示了在危急时刻实现自身信念是什么样子。

首先，我不是英雄。我只是努力成为一名正派的丈夫、父亲、同学、同事、公民、士兵和朋友，而我做的常常不够好……

不，我不是英雄，但我是名战士。我知道，每一位服役过或即将服役的军人，以及他们的家庭成员，都会去做我在那天所做的事情，甚至比我做的更多。这是我们应该做的。而且，来自各行各业的社会人士也会这样做，很多人的确也这样做了……

有几个人问我为什么要朝着浓烟跑去，这是一个很难回答的问题。我所知道的是，我有幸得到过很多人的教导，形成了我现有的性格特质。

是斯派恩家庭一员在向浓烟跑去——小时候，我的父母以身作则，他们告诉我如何成为一名正直的人，为那些无力的人们提供帮助；

是童子军在向浓烟跑去——他们教会我每天都要帮助他人；

是教会在向浓烟跑去——他们教会我为他人献出我的生命；

是西点军校在向浓烟跑去——他们教会我无私奉献以及履行职责；

是哈佛大学在向浓烟跑去——他们希望我成为一名改变世界的领导者；

是美国军队在向浓烟跑去——他们教会我不要丢下任何一个倒下的同志。

不，我可以完全诚实地说，不是我在朝浓烟跑去，是我的价值观在这么做。它是由我的信仰、我的家人、我的朋友、我的导师以及许多机构日积月累塑造而成。那天，是包含有这些价值观的美国精神，在向浓烟跑去。

最后，我想提出几点我的看法：

• 黑暗——我不确定这到底是什么，但我知道它会被光明所战胜；

• 恐惧——我不确定这到底是什么，但我知道它会被希望所战胜；

• 愤怒——我不确定这到底是什么，但我知道它会被宽容所战胜；

• 不足——我不确定这到底是什么，但我知道它会被风度所战胜；

• 仇恨——我不确定这到底是什么，但我知道它会被爱所战胜。

我们的信念通常不会等待我们去问："在这一刻，什么行动最符合我的信念？"但即使埃弗雷特不知道自身信念，我相信他也会做相同的事。他的行动，就是一直引领他的信念的表现。那天在终点线，许多人都帮助了伤者；但也有很多人没有这么做。我希望我能知道每个人的信念，并看到信念对他们行动的影响。显然，埃弗雷特的职业和经验使他能够以与大多数人不同的心态行动。如果你想在波士顿马拉松赛的最后时刻找到一个在正确时间怀有正确信念的人，那这个人非埃弗雷特莫属。在我撰写这一章节时，埃弗雷特正在进行培养西点军校 4000 名学员领导技能的工作。这是一项极具挑战性的重要工作，要求埃弗雷特每天都要以自身信念为基础进行领导。

这一章中的故事，特别是埃弗雷特的经历，提出了一个问题：勇气和信念之间有联系吗？显然，埃弗雷特在其他人逃离的那一刻展现出了自己的勇气。请记住，当时没有人知道还有多少炸弹会爆炸。谢天谢地，这样的事情不是经常发生。哲学家丹尼尔·普特曼（Daniel Putman）描述了 3 种类型的勇气：

- **身体勇气**：面对危害自己身体健康的风险进行的无私行为。埃弗雷特的经历就是很好的例子。不久之前，这还是我唯一相信的勇气类型。

- **道德勇气**：面对重大的负面社会后果，做道德上正确的事情。企业和政府的举报人往往不顾周围人的反对，做出正确的选择，表现出了道德上的勇气。我还没能有幸近距离观察这一行为；我很希望能采访一下他们，了解他们的行为与信念之间的联系。

- **心理勇气**：尽管内心害怕被拒绝或羞辱，或者害怕失败，但还是采取了行动。普莱拉娜决定离开企业人力资源部门，跳槽成为世界粮食计划署的人力资源主管，这就是个很好的例子。尼克·布拉西的故事（第十章）内容是，他要用荷兰语为 400 名员工进行为期一天的培训，而他才刚刚学习荷兰语不到 6 个月——这个任务之艰难足以让绝大部分人退却。大多数人在第一次进行大型演讲前都会感受到这种类型的勇气。

心理勇气，就是我在信念课程项目的参与者身上看到的那种勇气。在我们的生活中，我们都有恐惧，其中许多恐惧是毫无意义的。我们在课程项目刚开始时询问一个问题："其他人认为你身上的哪些部分不属于'你是谁'的核心元素？"然后，我们听到了一系列我们都具有的、但是他人看不到的恐惧。最常见的恐惧之一是"冒名顶替综合征"——害怕有人会走到你跟前，对你说："你不属于这里。"从外部看，没有人会想到与我共事过的许多高管都有这种感觉，毕竟他们都是高效率和高能力的领导者。我们都必须选择，是让恐惧影响我们，还是让它遵循我们信念的引领。在参与者们分享的信念领导故事中，很明显，信念并没有消除恐惧，它只是帮助我们无视恐惧地采取行动。如果我们心里只有恐惧，那么恐惧就会获胜；如果我们拥有更深层次的信念，那么我们就可以战胜恐惧、做出正确选择。普莱拉娜具备这种心理勇气，她从事了一份没有成功装饰、也缺少晋升机会的工作。在之后的 4 年里，她面对的是世界粮食计划署历史上最具挑战性的工作内容，从埃博拉病毒爆发到叙利亚内战等。

定义勇气

什么是勇气？对大多数人来说，勇气，无论我们如何定义，都是属于别人的。我们很少觉得自己是有勇气的。我们周围的人会说，"哇——这一定很需要勇气！"我们的回答通常是："不，我只是很自然地就去做了，"或者，"如果你知道当时我有多害怕，你就不会认为我勇敢了！"如果有人回答："没错，我是一个勇敢的人！"那你该离他越远越好！

自亚里士多德和柏拉图时代以来，哲学家们一直在谈论勇气，但直到最近才出现了一个明确的定义。克里斯托弗·瑞特（Christopher R. Rate）花费他学术生涯中的大部分时间，试图做到这一点：通过查看所有定义和大量案例，创造对勇气的共同认识。他与一个研究小组合作进行了一系列关于勇气的研究。该小组的研究结果并没有给出定义，而是列出了勇气的主要特征。

- 该行为是经过自由选择而出现的；
- 该行为是在对其个人构成重大风险或危险的情况下试图完成或完成的；
- 其个人寻求实现崇高或有价值的目标。

如果我们把普特曼的"心理勇气"和这些特点结合起来，我们会发现其实这就是你我每天都要做的事情：我们每个人都会选择那些出自我们内心信念的、高风险的行动。明确自身信念，我们就有能力看到自己在"难做的正确"与"容易的错误"之间应该做出的选择。

我们都有一份权衡利弊的清单，但它上面列出的优缺点很少能够影响到我们的最终决策。选择不是在充满利弊的世界中做出的。勇气（courage）这个词的英语单词的词根是 cor，在拉丁语里是心（heart）的意思。如果只有我们的大脑参与决定，勇气就不会出现。只有当我们的心也参与到抉择中、并且知道什么是重要的，勇气才会显现出来。

你最后一次因为一些真正重要的事情而采取冒险行为，是什么时候？我们都有自己的价值观，但什么是我们行动的催化剂呢？我与领导者们的所有讨论都让我相信，是信念一直在引领我们；回顾我们充满勇气的行动，可以帮助我们更清楚地了解自身信念。信念会参与我们内心与大脑之间的讨论，向我们展示在外人看来最冒险、最可怕的答案。在那一刻，我们必须做出选择。我们能给自己的真正礼物，就是每天都展现出自己勇气的一面。

接下来，我们会探讨信念对幸福的影响。当我们认识到信念与勇气的联系后，幸福是否也有出现的空间呢？

思考

1. 在过去，你选择的是难做的正确之事，还是容易的错误之事？你后悔当初的选择吗？

2. 别人希望你选择的"容易的错误之事"是什么？

3. 在过去，你做了怎样的"难做的正确之事"，它现在对你的影响是什么？你怎么知道它是正确的？

4. 你现在有想拖延一段时间再去做的"难做的正确之事"吗？是什么事情？

5. 你的"难做的正确之事"是出于一直引领你的信念吗？它背后的强烈愿望是什么？

6. 你是否曾像埃弗雷特那样"奔向浓烟"？为什么你会这么做？

7. 你最后一次因为一些真正重要的事情而采取冒险行为，是什么时候？它是否体现了你带给世界的独特礼物以及你的信念？

第十四章 影响：拥有深层次的成就感

> 这是生命中真正的喜悦；生命为自己认为崇高的信念所利用；生命在自己被丢到废物堆上之前，就已经完全用尽，生命是大自然的一股力量，而不是愁病交缠，狂热的自私的小肉体，只会抱怨这世界没有尽力使你快乐。[1]

> ——萧伯纳（George Bernard Shaw）

这段话概括了信念给我们想要过上幸福生活的愿望带来的挑战。我们生活在一个沉迷于幸福的世界中。"幸福"（happiness）已经成为一个行业，上亚马逊网站搜索一下，你会发现超过 10 万本与幸福相关的书籍。

信念、意义和幸福

大多数人认为，有了明确的信念就一定会获得幸福与快乐。但奇怪的是：你的信念会让你延迟快乐，引导你去创造重要的、对你有深刻意义的东西。我们都生活在一种内在的紧张中：因为我们知道那些让我们感到幸福快乐的事情，可能并不会对世界产生积极影响。在上一章中，我们讨论了选择"难做的正确之事"而不是"容易的错误之事"。你可以说，这一章揭示了为什么有些东西是"难做的正确之事"，有些是"容易的错误之事"。"难做的

---

1. 译者注：本段译文来源于网络。

正确之事"往往更有信念性。最关键的问题是，我们是专注于实现信念，还是专注于获得幸福快乐？不同选择的结果会天差地别。

信念就像一副眼镜，我们透过这副眼镜来看待世界，并创造我们生命的意义。有时，它也会为我们带来幸福与快乐。或者，正如维克多·弗兰克尔（Viktor Frankl）在他的《活出生命的意义》（*Man's Search for Meaning*）中所说："幸福必须实现，而成功也同样存在：你必须通过不关心它们，来促成它们的实现。"

对一些人来说，还有一个舞台让幸福与工作之间的紧张关系更加突出，并为我们的人生带来意义，那就是为人父母。不管你有没有孩子，我希望你能欣赏这个比喻。研究人员已经研究过生孩子与幸福之间的关系。例如，经济学家安德鲁·奥斯瓦尔德（Andrew Oswald）对数以万计的有孩子和没有孩子的夫妇进行了调查，以探讨育儿对父母的影响。珍妮弗·辛尼（Jennifer Senior）在为《纽约杂志》（*New York Magazine*）撰写的文章《孩子的到来如何改变你的生活》（*All Joy and No Fun*，直译为《所有的快乐与无趣》）中，记述了她与奥斯瓦尔德的对话：

【奥斯瓦尔德】倾向于从更积极的角度看待他的数据："大量信息说明，不是你的孩子让你不幸福快乐；只是孩子们无法为你创造额外的幸福。"也就是说，他告诉我，你要有不止一个幸福来源。"然后，这些研究显示出更多负面影响。"

珍妮弗·辛尼的同名书籍《孩子的到来如何改变你的生活》（*All Joy and No Fun : The Paradox of Modern Parenthood*，直译为《所有的快乐与无趣：现代育儿的悖论》）是一本伟大读物，可以让你更深刻地了解孩子对我们的影响。在书中，她通过精彩的细节描写，深入地解释了育儿的现实情况，以及在过去一百年中育儿发生的巨大变化。阅读她的书籍让我想到了我 13 岁的女儿柯丽（Keely），每周，当我带她去餐厅时，她会先朝我吼叫 5 分钟，然后变回正常。还有，我回想起那一次，我前妻打来电话告诉我一个可怕的消息，我们的另一个女儿——蕾妮，卷入了一场车祸，她最好的朋友已经死了。还有，我回想起那次"假期"航行，你随便叫它什么都可以，但那绝不算是假期（在帆船上大喊大叫和哭泣，对任何人来说都不能称为假期）；还有，我们在苏格兰的家庭之旅，中途我将车停在不知名的地方，下车，然后开始步行回波士顿。我的女儿们在讲述这个故事时还在大笑。我不会用这些冒险经历换取任何东西。

如果你是父母，你就有你自己的冒险、快乐和悲伤。看着这些小生命长大成人，其意义和满足感是无价的。正如珍妮弗·辛尼总结的那样："严格来说，如果为人父母会让你不开心，那你不去做这些事时就应该感觉更好。但是，如果幸福是由我们的控制感和意义感来衡量的，那么不亲自抚养孩子的父母就会失去这份幸福。他们被剥夺了那些能够给予他们信念和回报的东西。"

信念领导就像是抚养孩子。有时这工作十分艰苦；而且在很多情况下，你不能选择那些能立刻就让我们开心、舒服的事情，而是要从长远考虑，去做那些有着更重要意义的事情。不管我们是刚下飞机就跑去学校观看演出，还是带着孩子四处奔走观看运动比赛，或是在收拾他们房间时发现一团腥臭的东西，我们做这些不是为了开心，而是因为这些很重要。

好消息：信念能带来深层次的成就感

当我们进行信念领导时，我们是在为更伟大、更重要的事情服务。我们会延迟满足感、快乐甚至睡眠，因为那些具有更深层次影响的工作让我们无法离开。就像为人父母一样，我们的信念让我们踏入极具挑战性的环境，并坚持下去。这并不是幸福快乐的感觉，但当我们回顾自己的工作和创造时，会从心底升起一种深深的成就感。

瑞恩·惠特洛（Ryan Whitlow）——成为一名生命旅程的导游，讲述那些重要的故事，指引那些有趣的事物风景。你可以自己决定是不是拍照留念

瑞恩·惠特洛的信念表达完美地诠释了"要选择重要的事，而不是开心的事"：成为一名生命旅程的导游，讲述那些重要的故事，指引那些有趣的事物风景。你可以自己决定是不是拍照留念。瑞恩是个世界级的故事讲述者，他在故事里进行思考。瑞恩的观点是，他肩负着体验生活和讲述生活的双重责任。

讲故事是瑞恩的本职工作，他有很多关于如何在领导力发展中应用自己信念的故事，而他的个人故事则体现了信念与幸福之间的紧张关系。在我们对话时，一开始他并不想涉及自己的个人生活。但是到了最后，他不得不讲述了一个他个人生活的故事，这个故事让我们俩全都泪流满面。

瑞恩最珍视的，是他的女儿艾什莉（Ashley）。艾什莉有非常严重的精神障碍，此外还要面临着一些身体上的挑战，例如接受气管切开术以插入喂食管来进食。据医生说，她的预期寿命只有六到九岁。也许瑞恩一生中最重要的老师，就是帮助女儿学习那些她认为自己做不到的事情的这段经历。但是，随着艾什莉的成长，瑞恩和他的妻子已经到达精神和体力上的极限。再多的爱也无法弥补他女儿所需要的身心照顾。"最令人心碎的时刻就是艾什莉离开时。她不能继续住在家里，她不得不去特殊关爱中心。"瑞恩回忆说。当他讲述这个故事时，我们都在竭力忍住眼泪。作为一名家长，我实在无法想象自己身处他的处境下会是什么样子。

几年后，艾什莉在 27 岁时离开了人世。是的，你可以说瑞恩的信念并没有明确体现在这个故事中，这只是个悲伤的、痛苦的故事。但这并不是故事的结局。

信念会在恰当的时机出现，敲响你的门。当你有一个像艾什莉这样有特殊需求的孩子时，你自然会认识很多身处相同境遇的家长们。瑞恩给我上了一堂课，让我了解到这个社会问题：当残障儿童长大为成人时，他们的父母已经老得无法继续照料他们。所以，像艾什莉最后居住的那些特殊关怀机构就无比重要，在那里残障者们可以以一种体面的方式生活。

艾什莉去世两年后，瑞恩突然接到了一对残障者父母打来的电话，他们的孩子还在特殊关怀机构中生活，但州政府已经决定关闭该机构。机构内所有残障者的父母都聚集在一起，努力让州政府撤销这一决策。他们"决定"瑞恩应该和州议员谈一谈，想办法说服他们。此时瑞恩还深陷在失去艾什莉的痛苦中，他不想触碰那些会唤起他痛苦回忆的事情。不管你有没有孩子，你都能理解瑞恩对这个无理要求的反应。然而，信念并不在乎我们是否幸福开心，它只会要求我们去做那些重要的事。

瑞恩决定和艾什莉谈谈。"所以，我去了她的坟墓，对她说：'你想要我怎么做？'我得到的回复是'你的信念是什么？'成为一名导游……那些政客们根本不知道如何为残障儿童负责。于是，我去访问了州长和州议员，我告诉了他们我的故事：'我来这里是为了告诉你们要如何帮助残障儿童的。我们害怕忽视、虐待和缺乏帮助。'我在讲述自己的故事时发现了巨大的力量。"

当你认真倾听时，信念会变得强大无比。不管你的目标是不是获得幸福快乐，信念都会要求你去做那些你无法想象的事情。我们可以大肆讨论，到底是谁在艾什莉的墓前给了瑞恩"回复"，但这并不是重点。重点是，信念如何让瑞恩抛开身为父母的巨大悲痛情绪，以一种可以造福他人的方式实现自己的信念。

我希望州政府能够收回成命，让这个机构继续运营，也让这个故事有个美好的结局。但并不是事事遂人愿。当世界并不顺我们的意，而我们却无论如何都要坚守自己信念时，它对我们的"影响"才是最大的。此时此刻，我们是在真正领导。

当事情不按计划进行时

道夫（Dolf）——成为一个拥有无限好奇能量的园丁，去培育一个更美好的世界

道夫的信念是："成为一个拥有无限好奇能量的园丁，去培育一个更美好的世界。"道夫一直都有园艺方面的才能。小时候，他总是喜欢种各种东西，还经常去照顾邻居的花园。长大成人后，他每个周末都要花上几个小时来维护他的屋顶花园，并花费几个月的时间培育一颗鳄梨种子，等待它发芽成长。你可能会认为，对于一个卖啤酒的荷兰孩子来说，他的生活是美好而轻松的。然而，道夫的信念却有着不同的计划。在 2005 年左右，也就是他的职业生涯早期，他得到了大幅晋升，并被指派到刚果工作。如果你想要幸福快乐，你就应该去其他地方……但如果你想做些真正重要的事情，那你就该立刻出发。

刚果有着极端的商业环境。一方面，你必须完成业绩，你必须制定计划——就像其他大型快消品行业一样；另一方面，你身处一个奇怪的商业环境中。在这里，你对员工福利负有的责任远远大于正常情况。从任何角度看，刚果民主共和国都是一个极具挑战性的地方。根据联合国人类发展指数，刚果在经

济方面排在倒数第 5 位，是世界上最贫穷的国家之一。同时，它也是世界上最难做生意的国家之一。这种环境让（相对）年轻的我得到了极大的拓展与成长。

经过多年的内战，刚果民主共和国终于在国际社会的帮助下稳定下来，并计划在 2006 年举行第一次民主选举。我们的业务也经历了无尽的动荡，状况并不好。这个国家重新燃起了希望，我们也在努力尽自己的一份力量。我和我的妻子以及两个年幼的孩子住在一个冲突无休止的地方，那里的情况随时都会变得很糟糕。

在园艺中，我最喜欢的不是长势最好、最完美的植物，而是在我的帮助下恢复生机的那些。在刚果，我需要努力、亲切地帮助当地员工重建信心——他们经历了无数的个人问题和职业问题。我们不仅仅是在卖啤酒，我们还在努力改善每个人的生活，从团队成员及其家人到售卖我们啤酒的店主。随着自信和自尊的回归，我们的业务获得了惊人的增长。

内战的威胁似乎已经结束。2006 年的选举是以相对和平的方式进行的，稳定成了这里的新常态。2007 年初，我的老板外出度假，由我暂时接替他负责管理所有员工。当时，我们的工作地点还有 30 名侨民，包括员工们的妻子和孩子。一天清晨，保安主管走进我的办公室，告诉我事情不对劲。他认为，政府军与反对派民兵之间的暴力冲突一触即发。那天早上，我们把所有孩子都从国际学校里带了出来，这还引起了校长的极大不满。几个小时后，枪声响起，战斗又开始了。我们决定只留下一个极小的团队负责啤酒厂的运营，其他员工立刻都被送回家。此外，我们还决定将所有侨民家庭成员都带到啤酒厂旁边我和我邻居的房子里，因为此时撤离已经太晚了。两天来，这场战斗一直围绕着啤酒厂进行。几枚导弹被扔进啤酒厂里，幸运的是我们只遭受了物质损失。双方的士兵会向空中发射子弹，这些子弹会穿过屋顶毫无预兆地落下来。

电视和广播全部停止，我们镇子里的雇员根本不知道啤酒厂这里发生了什么事。冲突发生后的第二天早晨，一小群人来到了啤酒厂门口；啤酒厂大门紧闭，他们无法进入，身陷交战双方的枪火中。保安主管打电话告诉我，有10个人想要进入啤酒厂。他问我应该怎么做。我问："你的安保建议是什么？你能把门打开吗？"他说："不，我不会。我无法确定他们身后是否跟着半支军队。酒厂里还有100名左右的员工，我们要保护他们的安全。"

我问等在啤酒厂大门外的那些人会怎样。他说他们的生命岌岌可危。我有10秒左右的时间进行决定。这可不是我们平常面对的商业决策！没有人能帮助你做好面对这种情况的准备。最后，我的决定是，不能让他们进入啤酒厂大门，但我们会打开另一扇门，让他们进入一个只有原料没有人员的区域，但是这两扇门之间有几百米的距离。在一半员工的帮助下，这些人进入了另一扇门。幸运的是，没有出现任何伤亡。几周后，一个想法击中了我——如果有人受伤，甚至被杀害，我要怎么办？

最终，冲突结束了，金沙萨区域内有大约1000人被杀。

我不知道你的感觉如何，但在道夫的故事里，我没有听到多少快乐。当听到无人伤亡时，我感到了巨大的解脱和满足感。希望不再有人经历战争与死亡。这个故事说明，我们的信念会将我们带入到充满压力的冒险中。当你与内心中的真实自己（"你是谁"）和平相处时，会产生一种满足感；这种满足感比每个人都在追求却不得其果的短暂"幸福快乐"还要巨大。如果没有这些残酷的经历，今天的瑞恩和道夫又会是谁？他们的信念可以帮助他们理解：为什么他们做了这些事情？为什么这些事情是重要且有意义的？我们都渴望幸福快乐的生活，但让我们活在当下的，是我们的信念。

深入了解幸福和意义

斯坦福商学院一篇题为《幸福生活与有意义生活的一些关键区别》（*Some Key Differences between a Happy Life and a Meaningful Life*）的研究论文，描述了信念带来的机遇与困境。与你一样，我想要幸福快乐的生活，然而这个世界给我的很多东西都并不是我想要的。瑞恩和道夫都无法选择他们的处境，我们也一样。我们唯一的选择是在这些处境下能做什么。当一切都被夺走时，我们的信念也会引领我们渡过难关。

研究人员总结道："不幸但有意义的生活大多伴随着艰难的事业。它的特点是大量的烦恼、压力、争论和焦虑。拥有这样生活的人会花费大量时间思考过去和未来。他们希望进行很多深刻的思考，想象未来的事情，反思过去经历的斗争和挑战。"

没有信念的幸福生活是可能的，但它 "是一种相对肤浅、自恋甚至自私的生活，在这种生活中，一切都进展顺利，需求和欲望很容易得到满足，困难或挑战都会被避开"。

听起来这是个度假的好地方，但我不确定我是否想一直住在那里。

幸运的是，信念生活并不一定是不快乐的，信念和幸福在很多时候都是相互影响的，但它们的根源完全不同。亚里士多德认为，追求幸福有两种方式。第一种是幸福的生活，在这种生活中，我们与我们的内在精神（信念）和谐一致；另一种是享乐主义生活，特点是目标积极、活在当下，并以自我为中心。亚里士多德非常清楚地表示第一条路要更好。在他看来，这是一条能够贯穿一生的道路。富足充实的生活是人们期待的结果。因此，我们必须在更长远深刻的利益与更直接的快乐、诱惑之间进行艰难选择；这通常会涉及牺牲与挑战。亚里士多德认为，我们应该同时体验幸福生活与享乐主义生活，但要注意它们二者的比例。

我相信，安吉拉·达克沃思（Angela Duckworth）对坚毅（grit）的研究可以很好地解释亚里士多德的思想。以下是她对坚毅的定义：

为什么那些成就卓著的人在追求成功的过程中如此执着？主要是没有现实期望能赶上他们的野心。在他们自己看来，他们永远不够优秀。他们就是自满的反义词。实际上，他们满足于自己的不满足。他们每个人都在追逐着拥有巨大兴趣和重要性的事情，这是一种令人满意的追逐——与捕获一样。即使他们不得不做一些无聊的、令人沮丧的，甚至是痛苦的事情，他们也不会想放弃。他们的热情持久不灭。总之，无论在哪个领域，成就卓越的人都有一种凶猛的决心，这种决心以两种方式体现。首先，这些人异常坚韧和勤奋。其次，他们非常、非常深刻地知道自己想要的是什么。他们不仅有决心，而且还有方向。正是这种激情和毅力的组合使这些成功者与众不同。总之，他们很坚毅。

作为麦克阿瑟天才奖的获奖者，达克沃思教授想要了解坚毅与信念的潜在联系。她向来做事大手笔，这次她找到 16000 名美国成年人填写坚毅度量表（Grit Scale）以及一份补充问卷，来研究信念与快乐对参与者动机的影响。她发现，那些在生命旅途中最"坚毅"的人，往往也最清楚自己的信念。"自身信念认知评分越高，坚毅度评分就越高，此二者正相关。"

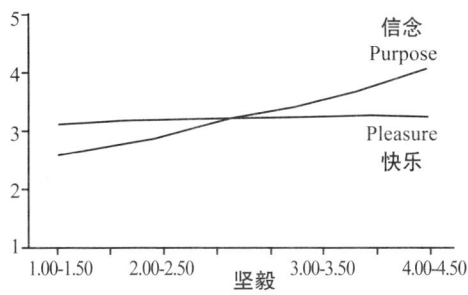

本图来自《坚毅：激情与毅力的力量》（*Grit : The Power of Passion and Perseverance*），作者安吉拉·达克沃思

因此，是从信念出发，还是选择那些让我们快乐的事，对我们的旅途结局有着截然不同的影响。所有值得做的事情，都需要大量的决心、努力和承诺。

信念能让我们看到那条细线——我们是谁，我们要去哪里。它造就了我们的生活结构。正因为如此，它有助于我们将过去、现在与未来结合起来。它清楚地说明了"为什么我们在这里"的深层含义，并邀请我们站起来、全身心地投入到我们的信念中，就像瑞恩和道夫展示的那样。不管你身处地狱还是天堂，信念都会与你同在。另一方面，幸福是一种发生在当下的主观感觉。对我们大多数人来说，幸福是有形的、真实的、美妙的、变化无常的。那么，你会选择跟随信念的生活，等待幸福自然"发生"；还是会选择追求幸福的生活，却没有什么信念性呢？

做出你的选择

别误会我的意思。实现信念之路并不全是牺牲和不幸。但是追求幸福和追求信念之间有很多不同。

追求幸福	信念领导
专注于满足一个人的需求和欲望，包括避免不愉快的经历	为了那些需要发生的事情，放弃生活中一些令人愉快的事情
重点是在当下感觉良好	允许我们整合过去、现在和未来，看到我们所处道路的更深层次意义
重点是获得瞬间的快乐	指出获得长期满足感的方法
很难维持较长时间	设定一条不会改变的道路
主要是满足一个人的需求与欲望，包括从他人那里获得，或者金钱购买	将我们的独特滤镜与独特礼物带给那些我们想要服务的人和事（包括我们自己）

好消息是，有信念的生活，虽然不像专注于短期快乐的人那样"快乐"，但能让你和你领导的那些人更加满足。如果说我们从信念中获得的满足感是一种更深层次、更有弹性的幸福呢？

思考

1. 在你的事业和生活中，哪些时刻最有意义？

2. 这些时刻中，哪些会要求你延迟或放弃快乐，去创造更有意义的事情？

3. 在快乐优先与信念优先两种生活中，你在哪一边？

4. 你最需要信念领导的是哪里？

第十五章　影响：让世界变得更美好

比尔·莫耶斯：与经典英雄不同，我们踏上旅途不是去拯救世界，而是为了拯救自己。

约瑟夫·坎贝尔：而且顺便拯救了世界。

——访谈《约瑟夫·坎贝尔和＜神话的力量＞》

（*Joseph Campbell and the Power of Myth*），1988 年 6 月 21 日

与我合作过的许多领导都有一个相同的恐惧："如果我找到了我的信念，那我是不是必须得辞职，搬到一个第三世界国家去帮助穷人？"和许多人一样，他们把信念的力量与对事业的激情混为一谈。记住，消除饥饿或贫穷这样的事业是崇高的，但它只是我们实现信念的一种策略。我们的信念永远会与我们在一起，无论我们在哪里、在做什么。你可以是银行家、营销人员或者推销员，也可以是其他任何职业。

但是，现在有一种根深蒂固的观念，认为你没有拯救世界，那你做的就不是信念领导。还有很多文章书籍，将实现你的信念与影响世界直接联系起来。有的作者甚至直接将信念定义为"你让这个世界变得更美好的方式"。

为什么有这么多人将信念等同于拯救世界？我注意到，很多领导人一旦明确了自身信念，就会有一种强烈的、想要更深一步体验它的感觉。同样，演员需要舞台和观众，我们需要世界作为表达和体验我们信念的舞台。信念是我们带给世界的独特礼物——有时我们也会留一部分给自己。

杰伦——绝不浪费才能

杰伦·威尔斯（Jeroen Wels）的信念表达是："绝不浪费才能。"他的信念来自他的童年神奇时刻。在他 12 岁左右时，他意识到自己比学校里的其他孩子聪明得多。于是他开始懈怠下来，得过且过。一天，他问父亲自己应该怎么做。他的父亲说，"正因为你可以，所以不要浪费。"

从表面上看，这个故事听起来有点自以为是。"好啦好啦，你很聪明，努力工作，绝不回头，我们都知道了。"然而，对杰伦来说，重新回顾这个时刻给他带来的影响却恰恰相反。

杰伦信念的更精确表达应该是："绝不浪费任何人的才能"。

他早年的努力让他成为一名成功人士，同时也让他找到了自己的激情，那就是帮助身边每个人，绝不让他们浪费自己的才能。在这一追求的驱使下，杰伦甚至攻读了公共行政管理硕士学位。

就像他说的那样："我渴望带来改变，为那些能创造突破的深层次对话带来巨大的能量，让人们发现自己真正擅长的是什么。当有人遇到困难的时候，我会帮助他们渡过难关。我希望他们对自己有更清晰明确的认识，这样我就可以继续前行帮助他人。如果我用我的才能帮助他人获得了他们的才能，那我真的会十分激动。当我看到人们只专注自己时，我会感到痛苦挣扎；我认为这是对他们自己才能的浪费。当我发现我的信念后，它极大地扩展了我如何将它带给周围世界的想法。我离开了原有组织，在一个 NGO（非政府组织）的董事会担任职务，回报我们的社会。"

作为一个 NGO 的董事会成员，杰伦没有必要非要按他的信念工作。但是，信念总是在不断诱惑我们，让我们扩大自己的影响。家庭方面，杰伦和妻子几年前收养了一名阿富汗难民女孩。这名女孩现在已经成年并独自生活，但她依然会定期与杰伦联系，分享她遇到的挑战并听取杰伦的意见。不管杰伦做了什么、在做什么，有一件事十分明显：他对信念拥有得越多，他与世界互动的方式就越多。

像巴斯光年[1]一样飞翔

托德·蒂勒曼斯（Todd Tillemans）——成为巴斯光年，激励他人心无所限，采取大胆行动，实现伟大成就

我一直期待着与你们分享这个例子。托德·蒂勒曼斯的信念表达是："成为巴斯光年，激励他人心无所限，采取大胆行动，实现伟大成就"。当托德第一次在分享这个信念表达时，房间里的30名高管笑得差点从椅子上摔下来。托德的身材就像巴斯光年，声音听起来也一样，而且他也有着无穷的能量。（我有时甚至怀疑，皮克斯剧组就是以托德为原型创造的巴斯光年。）

托德是一位精力充沛的高管，他的存在感充满了整个房间，他喜欢通过收入翻番将竞争对手远远抛在身后。在大学期间，他为一家学生报社售卖广告，后来这家报社出现了财务危机。巴斯光年在这种情况下会怎么做呢？一点儿没错，他接管了报社，削减成本增加收入——他创造了一份利润非常丰厚的新闻报纸。2003年，他接管了一家在生存线上苦苦挣扎的公司。当时这家公司的年收入是3.25亿美元，市场占有率表现平平。在不到3年的时间里，托德让公司的市场份额从28%猛增到41%，收入翻了一番，达到6.5亿美元。他在每一个领域都推动削减成本、提高出产率，并在这一过程中淘汰竞争对手。"推进！推进！推进！"（Push！Push！Push！），这是你听到托德说过最多的话。

1.译者注：巴斯光年，Buzz Lightyear，是动画系列电影《玩具总动员》中的角色。

你可能有些疑惑：为什么托德会出现在这一章？显然，他的故事更符合商业增长那一部分。

为了深入理解，我们必须回到托德 7 岁时，那时他的父母已经离婚。他和母亲靠着食品券和社会救济生活。从拥有一切到一无所有，对每个人来说都是一段难忘的课程。7 岁时，托德开始改变，他使用"半满"心态看待每次挑战。对托德来说，他的熔炉经历对发现他的信念是不可或缺的，他的信念不仅仅在于漂亮的业绩数字，他还关心、照顾那些身处困境与挑战中的人们。

托德的女儿 6 岁时，被送往芝加哥卢里儿童医院（Lurie Children's Hospital）接受手术。在那里，她接受了非常先进的护理，并最终恢复了健康。在此期间，托德看到很多父母带着孩子来到这里，他们的孩子让他联想到了 7 岁时的自己。那么此时，巴斯光年会怎么做呢？

托德加入了卢里儿童医院的董事会，并与其他人一起筹集资金。他们 6 年的筹资努力带来了一家全新的、先进的、有 23 层高的医院。这不仅仅是一家医院，他们还与芝加哥的 20 家文化机构合作，创造了一个有利于医疗康复的环境。当你的信念成为现实时，你会怎么做？除了儿童医院，巴斯光年还能为世界提供更多服务吗？成为"帮助治愈孩子们的玩具"，这是体验他信念的有力方式。

托德现在在做什么呢？目前他是好时公司（Hershey Company）的美国区总裁。对巴斯光年来说，这是个不错的消遣地！

帮助他人，帮助我们自己

在这本书中，我们见到了很多影响世界的人。但是，与普莱拉娜·伊萨尔（在世界粮食计划署工作）或者埃弗雷特·斯派恩（波士顿马拉松爆炸案第一应变者）相比，大多数人从事的职业和工作与拯救世界并没有那么明显的联系。

"只有在拯救世界时我们的信念才会出现"，这种观念将99%的领导者挡在了信念大门之外。杰伦、托德和这本书中提到的绝大部分人都在从事正常的工作，就像你我一样。但他们将自己的影响扩大到了日常工作之外。为什么会这样？

首先，他们到底是怎么找到时间和能量的？对此进行的大量研究，可以帮助那些必须进行"无法拯救世界"的日常工作的人——他们都没有足够时间完成本职工作，更别说志愿工作了。其实我们都经历过这种情况。

常识会告诉你，最有帮助的是意外获得的空余时间，但事实并不是这样。

沃顿商学院的研究显示，减少时间不足的最佳方式就是花时间帮助他人。

这到底是怎么回事？实际是，帮助别人这一行为，同时也会帮助我们。它让我们感觉自己更有能力，就像大幅获得能量一样，然后我们可以使用这些能量来应对我们自己的挑战。在我看来，帮助别人可以让我们更容易实现自身信念，这就变成了一个良性循环。我们越多地看到自身信念对他人的影响，我们得到的能量就越多，从而对他人产生更多影响，循环往复。

正如我们所了解的那样，意义与信念是一体同心的。信念是我们的独特滤镜，通过它我们可以创造更多意义。关于如何在工作中创造意义，也已经有了很多研究。

我有幸与凯瑟琳·贝利（Catherine Bailey）交谈过几次，她在《斯隆管理评论》（*Sloan Management Review*）上发表了一篇与他人合著的优秀的文章，题为《是什么让工作有意义或无意义？》（*What Makes Work Meaningful — or Meaningless*），文章中提到，研究人员采访了来自10个不同领域的135人，包括零售助理、不同教派的神职人员、艺术家（包括音乐家、作家和演员）、律师、科学学者、企业家、急诊科护士、士兵、维护古老教堂的石匠以及拾荒者。很难找到比这些人更多样化的群体了。作者们在访谈中观察，到底是什么创造或削弱了这些人在工作中的意义感。他们发现了什么呢?

这项研究表明,感受意义的关键,是与从我们工作中受益的那些人直接接触。那些从事"关爱"职业的人,如护士和神职人员,他们获得的意义感最多、最强烈。为什么?因为他们与他们工作的受益者有着经常性的接触,而且是在这些人"生活中最脆弱的时候"。

这只是众多研究中的两项而已,但它们都找到了相同的主线:如果你想对自己的能力感到更自信,你就需要更多地与信念和意义接触,而最快、最好的方法就是去帮助人。当然,关键是要和你帮助的人直接接触。

大多数人面临的挑战是,我们经常无法看到自己工作对他人的直接影响。人数统计、商业预测、人才评审、预算会议,从事这些工作的人几乎无法看到他们独特礼物带来的影响。非常多的高管希望能与客户和一线员工直接接触。

很多与我合作过的高管,如杰伦和托德,他们进行"拯救世界"活动的原因之一是,他们可以更直接地看到他们的信念产生的影响。以一种我们能立即看到效果的方式帮助他人,这是人类的基础愿望之一。当我们完全进入信念时,我们内心的"小我"就消失了,一些更大的东西出现了。我们最佳的体验方式就是,释放信念,看着它在我们帮助或服务的那些人中产生回响。

莫妮卡·沃林(Monica Worline)是密歇根大学积极组织学中心的组织管理心理学家。她一直在研究我们如何在工作场所创造意义感和联系感。她创造了一个很棒的练习,可以在不改变我们工作的情况下帮助我们获得更好的工作体验。

首先,思考一下你目前职位的工作描述(如果你能找到它或者回忆起它,那就再好不过了)。如果你找到了它,你很可能会看到一张列表,上面列出了该职位要进行的关键任务、所需的技能以及工作重点。现在,你可以回答以下问题：

- 站在你的同事或你的服务对象的角度，你要如何描述你的工作？
- 他们会怎么评价你的工作角色对他们的帮助？
- 面对组织的崇高使命以及社区居民的幸福生活，你的工作能为它们提供怎样的支持？

这个练习可以有效地帮助你增加工作的意义感和信念感，而且不会对你的工作产生任何改变。记住，信念是个滤镜，我们通过它来观察世界以及我们创造的意义。想一想，当你带着信念进行这个练习时，会发生什么！

通过拯救自己来拯救世界

然而，关于拯救世界还有一个大问题，我在合作过的高管们身上一次又一次地看到。将信念与"让世界变得更好"甚至"拯救世界"联系起来，这是一个精致的陷阱。是的，每个人都倾向于将自己的信念应用到周围的世界中。不幸的是，要想实现这一愿景你必须做对一件事。这件事很难，而且大多数人并不擅长。

我们都听过空乘人员解释如何使用氧气面罩。将其应用到我们的主题上，正确流程应该是：我们先明确自己的信念，戴上自己的信念氧气面罩，然后再帮助他人戴上。这件最重要的事就是：先将我们的信念应用到自己身上。

让我们回到普莱拉娜·伊萨尔身上。我分享了她作为世界粮食计划署首席人力资源官的经历。世界粮食计划署是一个联合国机构，专注于为世界上所有饥饿的人提供食物，包括难民。人力资源部门的责任范围涵盖了80个国家的450人。

在过去的4年中，普莱拉娜领导了该组织历史上第一次全面的（人员、绩效、管理框架、文化）组织变革。在这段时间里，她还大大增加了基层和关键领导职位的女性人数，以此为弱小的女性人道主义领导者资源池注入了大量活力。此外，她还启动了一个领导项目，为1000名世界顶尖的人道主义应急行动领导者提供发展机遇。

对比普莱拉娜，我们很难找出更好的"信念等于拯救世界"的例子。与大多数人不同的是，普莱拉娜会花时间与她帮助的人面对面沟通，包括联合国世界粮食计划署的工作人员（他们中的40%她都见过面，而且是在他们各自的国家），以及那些世界粮食计划署服务的、世界上最脆弱的人们。她跟我讲了很多这方面的经历：与南苏丹妇女和儿童对话时，粮食计划署工作人员将食物递了过来，她们高兴的样子很鼓舞人心；与利比里亚的一位雇员（单身母亲）交流了在埃博拉病毒爆发期间提供的粮食援助，以及这位雇员如何冒着生命危险帮助社区居民。普莱拉娜花时间考察了尼日尔农村的营养帐篷、叙利亚的食品分发点以及塞拉利昂的学校午餐计划——那里的儿童一天只能吃上一顿饭。即使在一个内部复杂、行动缓慢的组织里，普莱拉娜也会与广大的、受她帮助的人们保持定期的直接联系。

在这份紧张工作的最后一年里，我们的谈话都是这样进行的。

尼克："告诉我，过去3个月中你是如何进行信念领导的。"

普莱拉娜："我改变了过去30年来没有改变过的重要政策，以便让世界粮食计划署变得更加灵活；我创建并提交的两年愿景和战略计划得以成功实施；访问了埃塞俄比亚、尼日尔和肯尼亚；此外，我也在努力成为一个好家长。"

尼克："那么，你对自己的现状有何感想？"

普莱拉娜："我为我们所取得的成就感到骄傲，但我也为此付出了代价。我的背疼死了，情况似乎越来越糟；我在家的时间太少，孩子们只想要他们的妈妈。我感觉自己已经精疲力竭。"

谈到这里，事情变得有趣了：这里有一个人真正在拯救世界，但她却没能拯救自己。关键词是"精疲力竭",我经常听到这个词。

普莱拉娜的信念是:"成为世界积极变革的催化剂,特别是妇女领域"。这里只有一个问题:她没有将这一信念应用到一位满怀信念的女性——她自己——身上。我们将信念的强大力量给予了他人,那我们自己呢?

与我合作过的大多数高管,在拯救(他们周围)世界方面是一流的。他们通过拯救组织、老板、同事和团队来实现这一点。周围的每个人都认为他们在表达自身信念上做得相当棒。然而,他们工作中唯一漏掉的,就是他们自己。他们已经将自己排除在自己的信念之外。

当我们将自身信念应用到自己身上时,我们才算终于回到家中,才能以令人信服的一致性继续信念领导。我们周围的每个人都能看到这一点。组织系统不会照顾你的,你得照顾好自己。如果你愿意,信念可以帮你做到这一点。

普莱拉娜在工作 4 年后精疲力竭。然而,她发起的许多倡议想要得到充分执行,就需要她继续下去。她还应该继续担任这个职务吗?与此同时,很多诱人的提议也在向她招手,他们开出更丰厚的物质待遇,希望她回到企业首席人力资源官的角色;除此之外,她还可以选择成为一家更大型组织的人力资源主管。当然,她也可以继续拯救世界。然而,现在是时候将信念用在自己身上了。各种事情都已经到达顶点,她实在不能忽视这些信号。

再一次,面对众多诱人的条件,她选择了一个可以让她充分实现自身信念的选项——当然也包括她自己。这与她几年前的决定大不相同。这次,她决定担任世界粮食计划署公私伙伴关系主管。在这个职位上,她可以通过与公司合作来筹集资金,用粮食拯救更多的生命,用他们的专业知识来结束饥饿。这个角色可以让她以不同的速度工作,锻炼不同的肌肉,将一部分注意力放在自己身上,以及让她做个真正的好妈妈,同时,以不同的方式拯救世界。你可以感受到她的新的激情:

我们需要团结每个人来实现零饥饿。粮食计划署有着开创性、创新性的全球和地方伙伴关系，它为有使命感的私营部门关系制定了高标准，这种关系将技术援助、知识转让与财政捐助结合起来，不仅可以解决全球性问题，同时还创造了可衡量的商业成果。例如，粮食计划署与万事达卡（Master Card）合作，通过预付卡向约旦和黎巴嫩境内的叙利亚难民提供粮食援助。尼尔森公司（Nielsen）开发了通过移动电话收集粮食短期相关数据的方法，这不仅降低了成本，而且还为粮食计划署提供了更及时和更准确的服务需求数据。UPS优化了紧急情况下的机场处理流程，让食物能够更快、更有效地运送到有需要的人手中。

粮食计划署与私营部门的伙伴关系中，有4个战略优先事项：应急和备灾；食物和营养；供应链和零售；技术和数字解决方案。我渴望与现有的伙伴及新的伙伴合作，扩大我们在这些领域的集体影响，为我们服务的人民，并一劳永逸地解决世界饥饿问题。

普莱拉娜筹集的资金为世界粮食计划署在2017年全年养活100多万人；她建立并加强了合作伙伴关系，让企业能够贡献自己的技术技能和专业知识帮助粮食计划署解决复杂的业务问题。普莱拉娜并没有停止拯救世界；不同的是，她现在也将信念应用到自己身上。她的背痛"奇迹般地"消失了。她现在正与丈夫和孩子们一起过着快乐的生活，这是过去4年无法想象的。她现在会花更多的时间与他们、与自己待在一起。对她来说这绝对是个新篇章。

我们都有一份接管了我们生活的工作。当我们在照顾世界与照顾自己之间失去平衡时，我们的家人和同事无法从外部观察到这些。就像普莱拉娜一样，那些勤奋努力的人，通常会在我们出手阻止之前撞到墙上。将信念应用在自己身上，这往往是我们最后才会考虑的一件事。我一次又一次地看到：

信念通过我们的身体健康信号迫使我们停下来倾听。我说的这些都来源于我的亲身经历。

请以我的故事作为警告：这就是你不将信念应用到最需要的人——你自己——身上时，会发生的事。记住，我的信念是"叫醒你，让你回家"。将我的信念应用到我身边的每一个人身上，是件非常容易的事。我和一个人交谈 30 分钟，就可以帮助他连接到他的信念。如果你要乘坐飞机赶去面试，在飞机上坐在我旁边和我交谈，落地后你就能得到这份工作。我的信念是帮助别人接触并了解他们自己的独特礼物。我真的可以把人们带"回家"。

那么，我该如何将信念应用到自己身上呢？大约 20 年前，我还没有形成我的信念表达（"叫醒你，让你回家"），我大脑里甚至还没有这个概念。但是我已经生活在我的信念中，就像你也一直生活在你的信念中一样。记住，信念会一直跟随我们，贯穿我们的一生；我们只是需要更多地意识到它。

30 岁出头时，我获得了组织发展学硕士学位，同时放弃了工程部门的职业。我真的很享受我的新专业。我帮助启动了一系列巨大的、极其成功的组织变革。随后，我给两位作者打了电话——我非常珍视他们的书籍，我向他们讲述了我正在做的事情，并且得到了他们的建议。紧接着，他们中的一位成了我的老板，我很快就进入了一个以结果驱动变革的高速运转的世界。我是在拯救世界吗？本质上不是，但我专注于将我的天赋应用到我遇到的每一个人身上。我有卖东西的天赋，也有做工作的天赋——把我送上飞机，当飞机落地时，我身旁的那个人就已经签下我，让我与其一起工作。所以，我变得非常忙碌。我实现了我的信念吗？绝对是。但那时我还不知道我的信念具体是什么，我与信念的唯一接入点就是把它应用到其他人身上。如果你需要在 30 天、60 天或 90 天内获得实实在在的商业成果，我就是你要找的人。有成千上万人需要我？没问题！我与创造了通用电气群策群力流程（GE workout

process）的团队一起工作，只有天空是我的极限。

这种高里程的生活包括每周一次的慕尼黑商务舱航班，时不时地还要飞到美国各处。5 年的疯狂冒险过去了，我的身体开始回击。原来我只需一夜的休息，一睁眼就又身处世界之巅，但渐渐的我得需要三四天才能从飞行中恢复过来。而且情况越来越糟，到后来我得需要一个星期才会感觉"正常"。当你跑得飞快，对他人产生如此积极的影响时，你会忽略这些事情。至少我是这样。

在负责一个为期一年的变革领导项目时，我遇到了麻烦。这个项目 6 个月就突然中止了。政治很复杂也很麻烦，我被解雇不是因为工作得不好，而是因为我的工作成果太过于积极了。这是怎么回事？原来这个项目运行得太好了，以至于该组织的另一个部门的人想要得到它。这样，他们就必须先把我这个绊脚石除掉。

一旦停止了照顾其他人，不再收到积极能量和反馈，我立刻崩溃了。我睡了足足 3 个月，医生戳遍我的全身，想弄清楚我到底怎么了。我被注射了肾上腺素，我的消化系统几乎彻底停止了工作，我还有低血糖，但这些我都不知道。

随着我身体的倒下，我的生活也迅速地分崩离析。我工作的那家咨询公司让我离开。我的妻子也不想继续与我生活，于是我们离婚了。我的生活比"事事不如意"还要悲惨得多。我就是那个只知道照顾他人、不知道关心自己的典型例子。

随着时间的推移，我慢慢地恢复了能量。当这么多不好的事情同时发生时，找到一些能让你重新振作起来的东西，还是很有帮助的。唯一能让我真正感到满足的，是帆船，它让我"回家"了。一开始，有个朋友带我出海散心。我注意到，海风、太阳和湖水使我的大脑安静下来，有些东西发生了变化。

那年 8 月，我参加了一个航行课程，让我的身体好好舒展了一下，这是我多年来所做的最满意的事情。

那年秋天，我度过了生命中最美好的一天。那是一个 10 月初的工作日，波士顿港的气温是华氏 70 度（约 21 摄氏度）。海面上只有我的小帆船，完美的秋天和美丽的港口都是我一个人的。我认为这是一个巨大的信息：我值得拥有这些。

我相信我们大多数人面临的最大挑战，同时也是我们没有把信念应用到自己身上的原因，是我们认为自己配不上，不值得这样做。其他人都配得上我们给他们的东西。但是，我们能同样看待自己吗？对我和许多我合作过的人来说，这需要一段熔炉经历，才能让我们意识到这一点。令我感到惊讶的是，身体状况往往是信念发给我们的信息。对普莱拉娜来说，是她的背；对我来说，是我的肠胃。

必须要经历一段像我这样的熔炉体验，才能收到信息吗？不。好消息是，很多明确了自身信念的人，都能很快地找到一两件让他们能够真正快乐和满足的事情，并将它们作为生活的一部分，摆在最重要的位置。通过经验或运气，他们已经认识到先拯救自己的重要性。

他们的活动范畴并不复杂，例如，每周参加舞蹈课、在成人足球联盟中打比赛、游泳、跑步、写短篇小说、绘画、骑自行车、讲故事、摄影、烹饪、拳击、骑马、滑雪、阅读传记、指导儿童排球、登山、唱歌、弹钢琴、修理汽车等。我们每个人都有这样的活动经历。当我们这样做时，我们会进入忘我的境地，享受氧气的洗礼。此时我们面临的挑战是，如何定期进行这些活动。

我们通过"你必须通过拯救世界来实现你的信念吗？"这个问题开始了本章。到现在为止，你看到对大多数人来说"拯救世界"是体验自身信念的最舒适的方式。与那些受益于我们独特礼物的人直接接触，对我们来说是积极的、有益的体验。但从某些方面来讲，我们面临的最大挑战是我们会过度沉迷于这些体验，将最需要氧气的那个人——我们自己——扔到了一边。

你、我、我们所有人都配得上我们带给世界的独特礼物——我们的信念。我们如何将这份礼物带给我们领导的组织，这将是我们下一章的探讨重点。

思考

1. 在工作和生活中，你怎样影响你周围的世界？

2. 你日常工作中的哪些时刻最有意义？

3. 你是否有对他人产生积极的直接影响，并看到了结果？

4. 回忆一下，是否有人为你做过对你很有意义的事？是在你一帆风顺的时候，还是在你最脆弱困苦的时候？

5. 能给你带来氧气、让你做不够或你没有做够、现在就想去做的东西，是什么？

第十六章　影响：推动组织信念的产生

当你身边的人都围绕着共同的信念分享激情与承诺时，任何事都有可能……

——霍华德·舒尔茨（Howard Schultz）接受《福布斯》采访

我们已经谈了很多信念对于我们领导方式的影响。到目前为止，我们尚未谈论的是信念对组织的影响。我们大多数人都在组织中工作；我们自身信念与组织信念的一致性极其重要，是怎么强调也不过分的。这二者之间的一致性调整有两种方式：让我们的信念变为组织信念，或者在自身信念与组织信念间寻找到一致性。下面我们会分别探讨这两种情况。

组织就是创始人信念的表达

提到西南航空，很难不想到它的标志性创始人赫伯·凯莱赫（Herb Kelleher）。同样，我们也不能把"美国教育"（Teach for America）与温迪·科普（Wendy Kopp）分开，把苹果（Apple）与史蒂夫·乔布斯（Steve Jobs）分开，把塔塔工业（Tata Industries）和贾姆谢特吉·塔塔（Jamshedji Tata）分开。很明显的是，组织信念来自其创始者。不那么明显的是牺牲、自我反省和数以百计（通常是数以千计）的"难做的正确之事"，这些都是为了维持创始人的个人信念与组织信念间的一致性。

没有什么比星巴克创始人霍华德·舒尔茨的故事更能说明这一点了。星巴克的故事是一次充满活力的旅程，经历了获得信念、失去信念、又找回信念的一系列过程。能在一个组织和一个人的故事中看到所有这些元素，是非常难得的事情。

1982 年，新鲜出炉的工商管理学硕士霍华德·舒尔茨进入商界，开始担任西雅图一家小型咖啡公司的市场营销主管。没过多久，他就爱上了咖啡。一年后去米兰出差时，舒尔茨走进了一个小咖啡馆，从此他的整个世界都改变了：

> 人们认为我是星巴克的创始人。当星巴克有 4 家店的时候，我还只是一名员工。我被派到意大利出差，回来的时候我感觉星巴克的生意做得不对。我想要带回的是日常的仪式感和社区意识，以及在家庭和工作之间建立"第三地"的想法。这是我的顿悟，我觉得我疯了。我走进来，看到了日常活动的交响乐，看到了浪漫和咖啡的剧场。咖啡是谈话的中心，它创造了一种社区的感觉。这就是我脑海中的声音所说的。

当我第一次听到这个故事的时候，我就知道这是在讲述霍华德·舒尔茨的信念。他不是第一个走进意大利咖啡馆的陌生人，但他观察世界的独特视角让他看到了其他人没有看到的东西：咖啡馆能创造出一种独特的联系感和社区感。

我相信，星巴克信念的核心是激发并孕育人文精神，这也是霍华德·舒尔茨的信念。卖咖啡只是一种手段，而不是信念本身。他看到了与每一位顾客建立联系的可能性；制作精美浓咖啡的美丽剧场只是他实现"激发并孕育人文精神"的一种手段。

到了 20 世纪 90 年代末，这一信念的影响越来越大。那些从未尝过拿铁或卡布奇诺咖啡的人，现在已经无法离开星巴克独特的个性化体验以及友好的咖啡制作师。在不到 20 年的时间里，星巴克从一个不到 20 家的西雅图小型咖啡连锁店，变成了一个拥有数千家门店、价值数百万美元的跨国企业。

星巴克不仅彻底改变了美国人所喝咖啡的种类，还改变了他们享受这些咖啡的地点、他们得到咖啡的方式以及制作咖啡的人。通过可以激发并孕育人文精神的独特滤镜看待这个世界，会带来许多有趣的结果。星巴克率先采取了公平采购策略，以确保农民得到良好待遇和公平报酬。这一行动无疑会对员工造成巨大冲击，让他们感觉自己的利益被侵蚀了；此时星巴克又进行了看似相反的行动——为员工提供舒尔茨称为"你的特调咖啡"（Your Special Blend）的薪酬福利计划，包括医疗保险、退休福利、大学教育资金和公司股权，这项计划远远超出了大多数全职福利计划的范围。此外，舒尔茨还做了一件闻所未闻的事：招募每周工作 20 小时的兼职员工。在一家 20 人的公司里这么做还没问题，可是星巴克有超过 20 万名的员工。

上任 17 年后，舒尔茨感到自己的兴奋和能量已经消失殆尽。他知道自己的低参与感对公司构成了威胁，于是在 2000 年辞去了首席执行官的工作，仅担任董事长一职，专注于品牌的全球影响力。

在接下来的 5 年里，舒尔茨在一旁看着星巴克继续快速成长，其年收入和利润平均增长约 20%，迅速扩张的文化开始形成。到了 2007 年，舒尔茨和其他人都清楚地看到，星巴克偏离了它的信念。虽然"激发并孕育人文精神，每人，每杯，每个社区"的口号依然挂在墙上，但他们日常工作中的组织信念似乎已经变成"成长！成长！成长！"

很难想象一个组织会有两种截然不同的信念表达，但是，一旦组织失去了与其根源的联系，这种事就会出现。正如舒尔茨描述的那样："我们忽视了我们的共同信念与指导原则，在这种情况下，快速成长和成功开始掩盖错误，掩盖星巴克身患的疾病。这种病，就是狂妄自大。我们迷路了……"舒尔茨眼睁睁看着他心爱的公司做出一个又一个将成长置于信念之上的决定，他面领着"难做的正确"与"容易的错误"的两难境地：是保持安全、远离是非，还是听从自身信念，介入到这场混乱之中？

他知道回去意味着什么，这需要他和他的家人做出牺牲，但是他势在必行。不过，他明白了一件事，一件所有信念领导者都知道的事：最终，我们的信念会引导我们采取行动。

2008 年 1 月，霍华德·舒尔茨再次担任星巴克首席执行官。这一举动风险很大。原本的快速增长现在已停步不前，这让星巴克的股东们愈来愈焦躁不安。他所做的任何改变都将受到严格审查。

转变并不是件容易事。当时正处于大萧条时代以来最大的经济下行期。舒尔茨被迫做出一系列果断抉择。这些抉择给人们带来巨大冲击，但这是无法避免的。他关闭了 600 家表现不佳的门店。

他个人的最纯净的信念表达，后来变成了整个组织的信念。然而此时他发现了一个问题，一个违反他的核心本质，也颠覆了星巴克建立基础的问题：全国的星巴克咖啡师都不再知道如何做一杯真正的意式浓咖啡。意式浓咖啡——这是舒尔茨在意大利咖啡馆经历的神奇时刻，是打开他的眼界、让他看到未来的存在，现在在星巴克却岌岌可危。员工流失率飙升，门店经理们没有时间或资源对新员工们进行足够培训，这一系列问题最后都体现在了咖啡上。咖啡"体验"的质量，这件即使在最黑暗的时刻星巴克也在坚持的品质，已经不复存在。这是舒尔茨绝对无法忍受的。

股价暴跌，华尔街在他脖子上喘着粗气，数千名员工需要再培训，舒尔茨做出了他的信念允许他做的唯一决定。2008 年 2 月，他关闭了美国的所有星巴克门店——共是 7100 家，重新教授 13.5 万名咖啡师如何制作出一杯完美的咖啡。这一举动是前所未有的，星巴克为此付出了数百万美元的代价。毕竟，面对微乎其微的利润，哪个清醒的首席执行官会关闭门店，对员工进行再培训呢？

正如舒尔茨所说，"我唯一的信念是，我们必须恢复星巴克每名员工面对顾客时所必需的激情与承诺，这比完善咖啡质量还要重要。这样做意味着我们要在大踏步前进之前，先大踏步地后退。"

记住：信念——我们带给世界的独特礼物，就像一副眼镜，通过它，我们可以看到世界。当我们让自己的信念与组织保持一致时，我们就是在与其他人分享自己的独特视角。就像我们在霍华德·舒尔茨的故事中所看到的那样，这不是一项可以掉以轻心的任务，也不是一件容易做到的事情。然而，如果我们能成功做到这一点，让个人信念和组织信念合二为一，那么我们将见证一个罕见且美丽的存在，甚至可以改变世界。

组织信念的重要性

除了星巴克的故事，在过去的几年里，组织信念被大肆炒作。每个人都抓住了组织信念的图腾，而且都有充分的理由。研究表明，信念驱动型组织的股票价值优于同领域内其他公司，从 133% 到 386% 不等。但是，这些见解并不新鲜。1994 年，詹姆斯·柯林斯（James Collins）和杰里·波拉斯（Jerry Porras）的研究回溯到 1926 年，发现自那时起，信念驱动型公司的表现是整体股市的 15 倍。

如果这些都不是什么新信息，为什么组织信念会成为今天的热门话题？主要原因是，很多在 20 世纪和 21 世纪初所坚持的战略规划，放在现在脆弱无比。现在，还有谁的"战略规划"会超过一个年度预算周期？ VUCA 对这个世界的所有行业都产生了影响。战略已被缩短为季度战术，战术已成为每周在移动手机应用上进行的冲刺式沟通。

记住，当我们看到我们在信念伴随下进行的旅途时，我们就已经知道：

- 信念是一个独特的滤镜，让我们看到别人看不到的机会；

- 信念允许我们在充满模糊的情况下作出决定；

- 信念会支持我们在"难做的正确之事"和"容易的错误之事"中选择；

- 信念不会随着时间和环境改变。

组织信念和个人信念一样：它不会改变。但其他的一切都在不断地变化，所以重要的是，这两件事是否被清晰地理解并联系起来。

想要找到组织的信念，你要寻找一直存在于组织的东西，一直定义组织的东西以及组织做得最好的东西。就像你回溯童年寻找神奇时刻一样，你要回到组织创建的时候，寻找那些成就组织的重要事件。与我们一样，每个组织都经历过熔炉时刻，也同样会对某件事充满激情。

如果你工作的组织具有信念，那么你可以追溯到组织创建之初，关注组织信念以年为间隔的出现。当组织行动与信念一致时，会发生什么情况？不一致时，会发生什么情况？你要寻找到信念的模式和恢复力。这个过程可以帮助你判断你对组织信念的假设是否为真。

当你把你在本书中学到的内容应用到组织中每个人身上时，你就会意识到，释放信念会为你带来怎样的可能性。组织信念决定战略选择。根据德勤的研究表明，信念驱动型组织有着独特的投资模式：

- 新技术（38% 对 19%，后面数字来自没有明确信念的组织）；

- 新市场（31% 对 21%）；

- 新产品和服务（27% 对 17%）；

- 员工发展和培训（25% 对 11%）；

简而言之，信念驱动型组织在战略投资上更加积极主动。

如何让组织信念发挥作用？

但是，是谁在推动这些不可思议的事情，做出这种大胆、创新的投资决策呢？肯定不是那个看不见的、没有脸孔的组织。起决定作用的，是你我这样的、在组织的信念舞台上展示自身信念的人。如果你把自己的信念和组织信念分开，你可能会得到一个很棒的幻灯片文件或者演讲稿，但一个月后又会怎样呢？当一位领导者谈起自己的信念，以及它如何与组织信念相联系时，真正的影响力才会产生。

事实上，组织信念如此强大，以至于许多组织雇佣咨询公司、广告代理公司或营销公司，希望它们能帮助自己创建组织信念。就像你不应用一串专业的、漂亮的词汇迷惑人力资源部，假装自己找到自身信念一样，没有人能将信念灌输进一个组织中。记住，信念可以让我们在我们的生活中、组织中以及自己身上创造出意义。现在的挑战是，谁真正为你创造了意义？实际上，我们每个人都创造了自己的意义。其他人可以为我们提供滤镜，但只有我们才能真正发现自己的意义。如果你不知道你自己的信念，而你的组织又从外部（咨询公司等）定义了其信念，后果会怎样……是的，你可以"跟随"它，但你可以全身心投入其中吗？

在过去的10年中，我以信念领域专家的身份与很多领导者进行合作，我看到了很多成功的事情，也看到过很多没有成功的。有一些将信念和意义成功注入组织中的案例，它们都有以下的共同特质：

1. 你无法假装；

2. 谁在组织负责关键职位很重要；

3. 你必须以表达信念的方式来进行会议；

4. 大部队进入时你就要离开。

你无法假装

如果你认真阅读，那么你已经知道，信念不是你可以假装出来的东西。在经济好的时候，众人可能会跟随组织信念、忙碌于工作。但是当事情进展不顺利时，每个人都会注意到组织领导者是否真正体现了组织的目标。如果你不知道引导你的信念是什么，你如何实现它呢？信念领导最大的礼物之一，就是能在困难时站出来担负领导大任。

让我们回到 2008 年的夏天，霍华德·舒尔茨和星巴克的黑暗时刻。当你身处困境时，你要如何从"激发并孕育人文精神"这样的信念出发进行领导？你已经关闭了 600 家商店，股票价值不到一年前的一半，而且第一次经历了季度净亏损 670 万美元的情况。

最重要的是，许多人都建议你出售公司。投资者希望你取消直营模式，开放加盟渠道，让加盟门店向星巴克支付加盟费。有些人则建议，将咖啡豆烘焙质量下调 5%——没有人会注意到的。此外，也有很多人建议取消与 1 万名合伙人两年一次的会议，这可以直接节约下 3000 万美元。

我们都记得 2008 年的情况。那时你的领导者做了些什么？当时我看到，几乎所有公司的企业活动全部取消或"延期"。

霍华德·舒尔茨没有开放特许经营，没有在质量上妥协，也没有取消合伙人会议。他的信念帮助他认识到，虽然削减成本可能会帮助星巴克维持一段时间，但如果他们不投资于人，星巴克将无法生存。正如舒尔茨经常说的："咖啡是我们销售的产品，但它不是我们从事的行业。我们做的是人的生意。"

这让我回到了那家意大利咖啡馆以及舒尔茨的神奇时刻，在咖啡师提供咖啡时，他看到了人与人之间的联系。信念并不在乎他人的想法，它会在艰难时刻让我们发挥出真正的影响力。

舒尔茨决定在这个疯狂时刻公布"星巴克共享星球"（Starbucks Shared Planet）计划。共享星球计划包括在东非建立更多的农民支持中心，到 2015 年实现 100% 的星巴克咖啡按公平贸易原则采购，此外他们还将 2009 年公平采购的咖啡数量翻了一番，此举让成千上万名农民从中获益。

如果我们自己的公司陷入如此严峻的困境，我们有多少人会像舒尔茨这样做呢？

从事后看，舒尔茨当时做的决策非常漂亮，因为今天星巴克的股价是最低水平时的 20 倍。但回到当时，霍华德·舒尔茨是在认真倾听并遵从自己信念的领导。

你无法假装进行信念领导，特别是身陷严峻困境时。我知道你可能在疑惑，"好吧，那我到底能做什么？我又不是组织的创始人。"你可以找出组织信念与我们自己信念之间的联系，就像舒尔茨在意大利咖啡馆经历的神奇时刻。一旦你找到了，就绝不会忘记。这不是一个智力过程，而是一个触及心与灵魂的过程。当我们从内心出发进行领导时，我们可以面对任何事情。

谁在组织负责关键职位很重要

毫不奇怪，组织信念成败的一个重要因素是谁担任关键角色。一个人是不是信念驱动型的真实领导者，我们一眼就能看出来。当你在组织中释放你的信念影响力时，所有人都能感受到；如果某个人的行动与组织信念不一致，大家也能感觉到。

几年前，我与一家以信念领导知名的组织合作，为它提供我们的领导力发展项目。项目进入到第 3 年时，每组领导者（一组 30 人）参加培训会议时，都要比以前更加兴奋、有活力。将课堂内的知识与课堂外的工作相结合起来，产生的效果十分好。然后事情发生了，公司高管们发布一份重要的公告，宣布将两人晋升至最高管理层担任首席职位。那样子就好像他们决定让达斯·维达[1]进入公司顶层一样。这下子坏了，那些原本充满活力的公司信徒们突然变得愤怒起来。因为公司高层挑选错了一个人，整个公司上下都认为这个人虚假、不符合组织信念。一瞬间，公司高管们过去 3 年做的所有努力都被瞬间抹杀。最高管理层花费了 18 个月的努力，做了好几项改变，这才勉强让整个组织系统恢复到晋升事件前的状态。

有很多事情我们无法控制。但有一件事你可以：谁为你工作，以及他们在多大程度上体现了组织信念。如果你的组织信念是"给生活带来活力"，那么你一定要选择有活力的人。如果你选择了一个从所有生物身上吸取能量的人，那你面临的问题可就大了！

没有什么比这更明显、更重要、更难做的事情了——所以要做好。

你必须以表达信念的方式来进行会议

我们一生中的很大一部分时间都花在了所谓的会议上。那些成功的组织能够将信念转化为进行会议的方式。我是在为新加坡星展银行（DBS Bank）的高层团队举办培训会议时意识到的这一点。一开始我们进行的是个人信念培训项目，后来转为了重新发现组织信念这一目标。

星展银行的团队成员都是在新加坡本地长大的，他们分享了孩童时代进入银行的乐趣。其中一人谈到了她的美好回忆，她将她的小猪储蓄罐带到了银行，交给了作为银行柜员的姑妈。团队里的其他人也谈到了顾客的感谢信，信里有"快乐"这个词。很快，我们收到了"使银行业充满快乐"这个组织信念表达。当我们戴上"使银行业充满快乐"这副眼镜时，我们看到了这些年星展银行做的一系列努力。

讨论结束时，该团队经历了从"开除那些将银行和快乐联系在一起的人"

---

1. 译者注：Darth Vader，电影《星球大战》中人物。

到"将'使银行业充满快乐'设为星展银行的组织信念"的转变。最高团队认为他们已经与这家银行一直以来的核心本质重新联通。正如我们要重新找到一直引领我们的信念一样，组织也是如此。

这次会议带来了巨大的能量：这些领导者们不仅"得到"了他们自己的信念，他们还与整个组织的信念重新联通。以此为基础实施的一系列行动，影响并进一步提高了星展银行实现其组织信念的能力。而且，这一系列事件还产生了一个令我惊讶不已、以前绝没想到的成果：银行员工们（而不是高层团队）决定任命一名"JO"（Joyful Observer，快乐观察员）来跟踪会议，确保在会议过程中能看到快乐。现在，这已经成为星展银行的常态。在实现组织信念这方面，恐怕没有比"设立快乐观察员"再有影响力的举措了。

那么，你要如何把组织信念放到你的下次会议中呢？如果你这样做了，会发生什么呢？

在大部队进入时离开

如果你的组织有其明确信念，那作为领导者的你必将会受到考验。在某种程度上，你的下属会接受组织信念并为其工作。但他们会测试你，看看你是否真的在自己身上体现了该信念。

当你被测试时，你和测试者可能都不会意识到正在发生的事情。信念有时就是这样，只有当我们回首往事时，才会看到它在我们不曾注意到的地方招手。这些年来，我看到了很多有趣的信念测试案例。例如，当星展银行意识到它的首席执行官高博德（Piyush Gupta）及其团队是认真提出"使银行业充满快乐"这个组织信念时，很多精彩的事情开始在会议外出现。在短短一年里，出现了大量与组织信念相关的倡议与项目：

1. 我们支持"旅行思维"。我们向所有的领导者传达了这一点，并在两年内进行了 400 多名客户和员工的旅行活动。旅行的重点是节省顾客的时间，以及创造真正快乐的体验。

2. 我们承诺投入资源优化工作进程，包括技术优先度以及物理空间。我们在一个名为"快乐空间"（Joyspace）的项目中改造了我们的工作空间，并为旅行团队留出房间供他们工作。

3. 我们改进了平衡记分卡[1]，引入"使银行业充满快乐"KPI 以衡量我们的工作进展，这一部分占总分数的 20%。

4. 我们调整了外部营销策略，以获取"使银行业充满快乐"的经验。

从这一系列改进来看，信念已经成为银行里每名员工看待每个工作流程的方式。每一位星展银行的员工，不管是最高领导层还是基层员工，都会这样问："XYZ 真的'使银行业充满快乐'了吗？"

《福布斯》杂志甚至在一篇名为《星展银行能让银行业快乐吗？》（*Can DBS Bank Make Banking Joyful?*）的高博德专访文章中描述了这些巨大变化。

所有这些都是我们乐于看到、希望看到的。但是，测试随之而来。每年，星展银行都会面临统一情况，它既是组织信念的益处体现，也是一个严峻的挑战：新加坡有一个传统，就是在新年前两周将旧钱换成新钱。你想象得到所有人都在银行柜台前等着换钱的可怕情景。于是，星展银行里的某个决策者决定，在这两周内将可移动式自动取款机安放在各大繁华场所。银行首席执行官在接受电视采访时因这一举动备受称赞，因为它节省了所有人的时间，这让他得到了说出这句话的机会："我们使银行业充满快乐！" 采访结束后，他给首席信息官打了个电话，问道："这是谁干的，为什么没有让我参与决

---

1. 译者注：平衡记分卡，全称科莱斯平衡记分卡（Careersmart Balanced Score Card），是从财务、客户、内部运营、学习与成长四个角度为考量的绩效管理体系。

策？"首席信息官回答说："好吧，如果我们想使银行业变得快乐，我们就得先让你摆脱卷入每一个决策的困境！"

信念将会考验我们是否能够找到更深层次的智慧与能力，去允许他人实现他们的自主、掌控与信念。有时，我们需要同事的帮助才能通过这一测验。

让我们回到乔斯坦·索尔海姆在本和杰瑞公司的冒险。他的信念是"帮助那些从事真正重要事情的人们，让他们在矛盾与不确定中茁壮成长"。很明显，他既不是本（Ben）也不是杰瑞（Jerry），他的挪威口音会提醒你，他根本不是在佛蒙特州长大的。

乔斯坦与那些来自本和杰瑞时代的老员工们一起工作，那些人知道生活在企业信念中是什么样子。在过去的 18 个月中，乔斯坦取得了长足的进步。然而，考验终将来临。

乔斯坦的考验来源于一种新产品。当时，本和杰瑞公司的产品开发主管建议开发一种名为施维迪球（Schweddy Balls）[1]的新口味产品。这一产品的灵感来源于亚历克·鲍德温（Alec Baldwin）主演的《周六夜现场》（*Saturday Night Live*）短剧。一开始乔斯坦拒绝了，不过最后他还是答应了。

美国企业界痛恨这一产品，但消费者却爱得不得了。沃尔玛（Walmart）的首席执行官要求他的团队不要出售施维迪球，因为它会让所有人都停下脚步造成拥堵。施维迪球大获成功，每一家新闻机构都在谈论它。2011 年的圣诞季，没有人不知道它的味道。本和杰瑞公司又回到了当初那个疯狂的品牌，他们做别人不会做、却又无法离开的事。

说真的，他为什么要这么做？推出一款带有轻微冒犯性的产品，很可能造

---

1. 译者注：Schweddy Balls 与"流汗的睾丸"（sweaty balls）谐音，是《周六夜现场》短剧中的一个低级玩笑。这也是 Schweddy Balls 这款冰激凌遭受家长抵制的原因。

成滚雪球效应，最终导致本和杰瑞公司的全部产品下架，给公司造成巨大负面影响。其中一些确实发生了：一个有影响力的母亲团体听到孩子们谈论施维迪球时感到非常不高兴。一些大型零售商对此也很不满意，之后经历了好一段时间才重新建立彼此的信任。然而，乔斯坦知道，这是他必须通过的考验，他必须证明自己对本和杰瑞公司信念的忠诚。他是否会挺身而出，证明自己能够实现组织信念与使命？他是会屈服于老板和大型零售商，还是会通过疯狂的、美妙的、有点冒犯性的标志性产品来表达自己以及组织的信念?

在那一刻之后，员工们都意识到乔斯坦已经全身心地投入。那些作为公司灵魂人物的元老们成为乔斯坦的最大支持者。最近，本告诉乔斯坦说，他已经"淘汰"了自己（本）。这种高度一致性让本和杰瑞公司的业绩从一位数的下降变成了今天两位数的增长。不过对此，乔斯坦会告诉你说："我没有做任何可以让它发生的事情，"而且，在某些方面，他是对的。但是，如果他没有通过施维迪球的测试，我不认为那些关键人物会留下来帮他，更不用说实现那些魔法数字了。

组织不会通过测试，通过测试的是我们。并不是所有的人都有机会——就像《周六夜现场》的亚历克·鲍德温，以及本和杰瑞公司的工作人员——让我们笑得更多一些。然而，我们每个人都有自己的信念，我们是否允许它领导我们，不仅对我们自己很重要，对我们的组织也十分重要。你可以像其他人一样进行你的会议及晋升下属，但不要指望你的结果与他人有所不同。或者，你也可以听从组织信念及自身信念的声音，一路前行永不回头。

第十七章 掌控你自己的信念领域

荣誉不属于批评者——那些指出强者如何跌倒，或实干者哪里可以做得更好的人。荣誉属于真正站在竞技场上的人，属于脸庞沾满灰尘、汗水和鲜血的人，属于顽强奋斗的人；

……他即使遭遇失败也不乏胆量，因此其所处将永不同于冷漠且胆小、未经胜败洗礼者[1]。

——西奥多·罗斯福（Theodore Roosevelt）

从布芮尼·布朗为本书撰写的前言开始，我们踏上了探索信念领导产生的影响力之旅。我想用布芮尼最喜欢的演讲——也是她的著作《脆弱的力量》（*Daring Greatly*）的内容基石——作为最后的结尾。让我们从罗斯福的信念滤镜看待这段文字。

你是在竞技场上的勇者，还是那个冷漠且胆小、未经胜败洗礼的人？这是一个很有力的问题，抓住了信念领导的现实。面对这个问题许多人会回答"是"，我们想要进入竞技场。然而，对书中各个故事的主人公（包括我自己）来说，他们的信念一直站在竞技场上。此时的挑战，是充分倾听。精通信念

1.译者注：本段文字节选自西奥多·罗斯福的演讲《共和国的公民》（*Citizenship In A Republic*），1910年。译文来自互联网。

领导是个漫长的旅程。随着时间推移，我们会走进竞技场然后又走出。当我第一次读到罗斯福的这段话时，我立刻明白了，他的"竞技场"就是我们一直在说的信念的领域。

第三部分中的每一章，从第六章开始，我们深入了解了明确性和信心，了解到了进行信念领导的不同方式。在这几章分享的故事中，那些主角实际上都在"竞技场"中，包括埃弗雷特——波士顿马拉松爆炸案的第一应变者；雅基——她的行动扭转了一家家居零售商的命运；还有上一章讲述的乔斯坦的传奇故事。当其他人在一旁等待时，我们跟随信念采取行动。领导并不是告诉别人该干什么而是应该大步向前，让其他人愿意跟随你。

信念会指引你去你需要去的地方

信念是一把锋利的剑。一旦你知道了自己的目的是什么，你也立即会知道什么时候你在进行信念领导，什么时候不是。你找到信念的那一刻就是你醒来那一刻；一旦醒来，你就全明白了。此时，你已经身处信念的领域（罗斯福的竞技场）。你拥有的动力与承诺，超越了躲在一旁的冷漠且胆小的灵魂。

当我要求领导者们找出过去 6 个月中经历的、带有信念的时刻、行动或事件时，他们发现这很容易。如果没有敏锐的洞察力，他们不可能掌控到这种程度。信念的礼物之一，就是能力——推动个人转型、成长的能力，以及真正掌控信念、全身心进入信念领域的能力。

道夫是那些一直走在快车道上的高管之一。我们早些时候分享了他在刚果的经历。道夫的信念是"成为一个拥有无限好奇能量的园丁，去培育一个更美好的世界"。道夫和我经常谈到他在信念领导中的精彩经历。尽管如此，我们有过的最透明、最尖锐以及最有帮助的讨论，是关于他无法有力表达自身信念的那些情况。

道夫拥有独特的天赋。他的大脑处理信息的速度比我们大多数人都快得多。这既是他的显著优势，也是他的明显缺点。如果你的信念是成为园丁，那你必须给人们成长的空间。道夫做到这一点的方式非常棒：他会充分利用他的天赋在组织内进行演讲，与需要他支持的人一对一交流并解决问题，以及收集负责的数据并通过分析研究找到对每个人都好的答案。

他面临的挑战是如何在管理层会议中利用他聪明的大脑。他的信念使他以一种他人无法做到的方式去工作。他已经意识到自己过于咄咄逼人，太专注于细节，还有他解决复杂问题的速度太快，他的团队一点也没有成长的机会。几年前，他请过一位领导力教练来对他的团队进行访谈，进而帮助他提高工作质量。道夫的360度反馈报告显示，他的巨大劣势是"没有将信念应用到团队成员上"。他必须帮助人们成长，让他们亲自去思考、观察，而不是自己把所有事都办了。

作为一名领导者，这可能是他最艰难的一课。不过从那时起，他已经取得了很大的进步。我们中的许多人都能理解道夫的困境：是遵从于信念帮助他人成长，还是满足自己"成为房间里最聪明的人"的冲动，有时真的很难选择。走出舒适区，遵从信念的引领，这一行动会产生一种有趣的紧张气氛。它需要成熟和智慧去进入信念领域，踏进竞技场，并远离舒适的看台。我们被反复告知要专注于自己的优势并充分利用它们，可是，如果它们妨碍到我们的信念时，又该怎么办呢？道夫学习到，一直解决所有问题并不能解决任何问题，也不能培养出人才。相反，这会让团队变得软弱，并过于依赖他。他的团队知道他们不必出面，因为他们的老板无论如何都会出手。

当道夫从教练那里收到360度反馈报告时，他的最初反应和其他人一样：他寻找各种理由不承认这些数据。道夫本可以轻松地无视这些反馈，继续利用他卓越的个人能力帮助所有人解决问题。站在信念的领域中，这是他在那个时刻做出的最明智的抉择。他可以放弃身为领导者的信念，在余生里一直成为"房间里最聪明的人"，但是他最终还是选择了遵从自己的信念。

这个故事包含了对真正"掌控"的深刻理解。信念让我们看见我们必须选择的出现方式，以及我们将给他人带来的影响。现如今的书籍不停地告诉你，"专注于你擅长的事情"。但信念会告诉我们："你想要真正的掌控？那我们就去竞技场吧。回到信念的领域，让我们为你的独特礼物即将带来的影响而努力。"

刚刚离开舒适区时，我们会感觉有些尴尬。幸运的是，一旦我们掌控了下一级别的信念领导，那种丝滑的工作流畅感就会立刻回到我们身边。道夫变得更加平静，他让团队们自己奋斗、发现答案；他没有屈服于自己心中那股"解决所有问题"的冲动。这么做并不是他的天性——可能永远也不会是，所以他必须每次都进行选择。他已经认识到，一时的快乐无法获得长期的满足。

你要如何回到信念领域？

没有人能百分之百地生活在信念中，但是当你知道自己的信念时，你就有了选择。问题是，你是否会进入信念的领域？我发现这里面有一个循环周期，如下图所示：

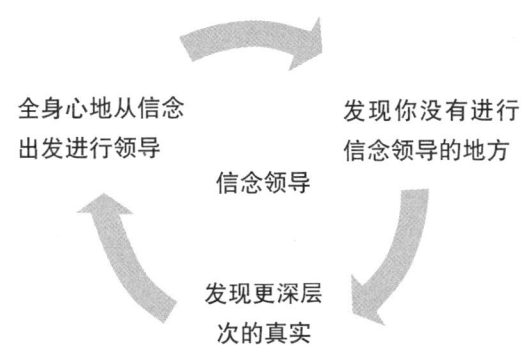

如果我们能永远保持在这个轨道上，那就太好了。随着时间的推移，我们可能会缩短这一周期的时间。你可以将这个循环周期视为信念带来的终极礼物。我的一位同事给我讲了一个关于合气道创始人的故事，这位创始人被皇帝[1]要求向其他武术教师传授合气道技法。几节课下来，其他武术大师感到很沮丧，因为这位合气道大师从未失去平衡。合气道大师的反应则是，他从头到尾都是失去平衡的，只是他一直处于不断的再平衡状态。信念也是如此。

我们如何发现更深层次的真实？在最好的情况下，我们会意识到在某一刻我们并没有从信念出发进行领导，进而思考要如何将信念带入到这一情景，最后回到信念的领域继续领导。是的，其实就是这么简单，而且非常有效。而这么简单的行动对我的感觉和行动产生的巨大影响，经常让我惊讶不已。

还有一些情况下，其他人会提醒我们回到信念的领域。在本书之前的章节中，我们看到了当他人说出我们的信念时，所产生的巨大影响。我们中的大多数人都还清楚地记得别人叫我们进入竞技场时的情景。下面是我亲身经历的一段故事：

我的教学内容非常有计划。在一次培训项目中，我觉得气氛很不正常。培训室里有几名愤世嫉俗的参与者，包括一名举止、穿着都像是年长导师的人。通常，我可以很冷静地对待他们。但是这一天，我的玩世不恭与年长导师的喋喋不休组合在一起，让我冲昏了头脑。我不觉得我身处于信念的领域，我感觉自己掉入了深坑——我把所有参与者都拖了进去。那天晚上，我和该公司人才和发展部主管坐了下来，我告诉她我在教学中失控了，感觉很痛苦。她看着我的眼睛说："那么，我认识的那个尼克在哪儿？我如何帮助他立即

1.译者注：日本只有天皇，The Emperor of Japan。但未查到合气道与天皇的相关联系，故此处按原文翻译为"皇帝"。

现身？"那一刻，我感觉到她在和我的信念说话，邀请我回到信念的领域中。这是充满活力的、发现更深层次真实的一刻，它将我从沉睡中唤醒。好消息是，我们所需的更深层次的真实，其实就是我们带给世界的礼物——我们的信念。第二天，对参与者和我自己来说，都是完全不同的体验。我和年长导师谈论了他对我的影响，然后一起开心地笑了起来，因为他回忆说他也有过类似的经历。

让我们回到道夫的旅程，他的信念让他在会议上少说话，但这么做恰恰与他的惯常舒适行为相反。在认识到这一点之后，道夫建立了一个机制来获得更深层次的真实。

道夫和他的团队一起回顾了他的360度评估报告，讨论了他需要做出的转变以及他想要得到的反馈，并确定由几个人负责在每次会议后给他反馈。他特意选择了几个不是他直接下属的管理层成员，因为你知道，要从直接下属那里获得完整的反馈是非常有难度的。这么做的关键是找到一个我们真正信任的人，他足够中立，能够告诉我们更深层次的真实。道夫的另一个挑战是，挑选一个能够保守讨论秘密的人。我们在关于熔炉故事章节中遇到的史黛西就是道夫的反馈者之一。作为道夫团队的沟通负责人，她直接向一位总公司老板汇报。史黛西的信念是："投入这场有价值的战斗，把你的头发吹回去"，当她进行反馈时，犀利的言语常常让我恨不得成为墙上的苍蝇。所以说，道夫是个有勇气的人，他敢于挑选那些与他的成功毫无利害关系的人。

有时候，我们无法找到值得信赖的人来提醒我们。这里，我有另一个获得更深层次真实的亲身经历，虽然不如第一个故事有趣，但它有力地证实了回到信念领域的力量。

最近，我进行了一个自认为非常不错的培训项目。在短短3天的时间里，我将洞察力和幽默完美地结合在一起，呈现给我的高管学友们。这个项目只有一个问题：参与者认为培训进行得并不算顺利。他们的英语能力还可以，但算不上优秀。他们对培训项目的反馈很一致：我说得太快了，他们觉得我是在嘲笑他们，而不是和他们一起欢笑。如果我的信念是"叫醒你，让你回家"，那我真的搞砸了。事实证明，我的幽默并没有被很好的解释；我让讲笑话和娱乐他人的欲望取代了我的信念领导。回顾当时的情况，在与参与者进行课间交流时，我就应该发现他们在英语理解上有些吃力。培训进行中我还很好奇，为什么他们都在看手机。后来我才知道，他们是在查找单词解释。从那天起，我找了一名英语水平最低的参与者做我的顾问。当我说话太快或使用了只存在于美国文化中、听起来很棒但对他们绝对毫无意义的词语时，他就会举起手来提醒我。

信念就是不断探索更深层次真实的旅程，它能让我们更充分地理解自己的独特礼物。

深入信念领域

大多数企业高管一生都在完善自己的技艺，思考如何将它们带给世界。对于我自己和许多与我合作过的领导者来说，工作场所也在这一范围内。肯定的是，我们总会有提高办公室领导力的方法，但信念领导则是一个完全不同的领域。

这就是我要问的问题：作为一名领导者，你是否更多地生活在信念中，而不是那些带给你快乐和舒适的事物中？对于那些仍在努力达到职业顶峰的人来说，这个问题的答案往往会影响到重要决策的做出，甚至可以改变整个企业的战略。然而，那些最成功的领导者们会这样回答："家庭和个人生活。"

很多与我合作过的领导者，他们每隔两三年就会把家人拖到一个新的国家、新的学校、新的文化和新的语言中。这暴露出一种有趣的紧张气氛。我们把 110% 的信念都奉献给了工作，留给我们的爱人、家人的却只有困境。

在前几章中，我们听到了瑞恩和他的残障女儿的故事，以及普莱拉娜拯救世界的挑战对她的健康和家人的伤害。这两个故事都提醒我们，我们要更深入地进行信念领导，而不是只专注于面前的工作挑战。只专注于眼前的工作，很可能是因为我们工作中的大部分困难时刻都有其开始、中间和结束。到最后，95% 的时间成了一个关于救赎和重生的故事。想想兰杰：他没有得到自认为应得的工作，但仍然用他的信念来支持别人。然后，他奇迹般地得到了大幅晋升。如果我们坚持足够长的时间，最后就能在挑战中脱颖而出。即使事情变得十分糟糕且永远无法恢复时，我们也有未来，也有从经验中学习然后重回巅峰的机会。

然而，我们的家庭和个人生活则有所不同。对我们来说，冒险是长期的、复杂的、有很多层次的，所以没有简单的解决方案。我们通常的手段是通过解决潜在问题来消除风险，但是在这里毫无用处。我们必须在自己心里找到一个更深的地方，不时地来到这里获得更深的和平与宁静。但是，我们无法收回已经发生的事情，也无法修复没有完成的事物。这就是信念能产生最大影响力的地方。我要给你讲一个故事，这个故事可以帮助你明白我的意思。

大约 4 年前，我刚刚完成一个很重要的项目，回到了家中。那时，我还是一个离婚的单身父亲，两个女儿分别是 16 岁和 13 岁（你已经在本书前面见过蕾妮和柯丽）。那个周末，我负责开车送女儿们去参加活动，很多活动。我的目标是弥补上我不在的所有时间（基本上是 90% 的时间，我亏欠我前妻和她丈夫很多很多，感谢他们为女儿们的付出）。

最初的 24 小时里，事情非常顺利，我带她们去购物，开车送她们参加聚会，然后一切就都崩溃了。周六傍晚，我将 16 岁的蕾妮送到了一个聚会上，然后送 13 岁的柯丽去做她的保姆工作。随后，我去餐厅消磨了下时间。

在 10 点整，我如约接上了柯丽。我应该在 11 点接上蕾妮，但是我早了 15 分钟。这让蕾妮十分沮丧。在回家路上她崩溃了，因为成为第一个回家的人，这让她感觉非常难堪。其他孩子的父母都在聚会外等待，只有我不懂规矩，进去把她从派对中拉了出来。

这时，13 岁的柯丽开始对蕾妮大喊大叫。她们两个人的争吵十分激烈，实际上那段时间她们无时无刻不在争吵。就在那一刻，我失去了耐心，朝着她们俩吼叫起来，直到最后车内一片寂静。我们都有失控的时候，但问题是这不是我第一次对女儿们这么做。不知怎的，在工作时，我可以全身心地待在信念的领域；但是和女儿们在一起时，我就变成了一个精疲力竭、脾气暴躁的混蛋。

第二天早上，女儿们告诉我说，她们不想再和我在一起出去了。这是一个我最不想听到的更深层次的真实。我记得我坐在那里，意识到她们已经有了选择。讽刺的是，这里有个以帮助他人发现自身信念为己任的家伙，却无法在最需要的时候成为一名合格的父亲。

我希望我能迅速解决这个问题，但有些事情需要时间。事实是，我花了两三年时间才修复了多年来给她们造成的伤害。当我看着我的信念"叫醒你，让你回家"时，我感觉很痛心。此次事件后的几个月里，我都无法消除心里的失落感。最后，我不得不重新审视我生活中的每一个部分，重新思考作为一名父亲的意义。

我迈出的第一步，是为我和女儿们创造了一个更安全的地方，大家一起谈论这些年我对她们的影响。在此之前，我做了一份影响事件列表，并希望在谈论时我不会反应太过激烈。我让每个女孩子都分享了她们的"父亲反应过度的前十大事件"，令我惊喜的是，她们的列表和我的并不一样。更深层次的真实就是这样，它揭示了我们没有看到的对世界的理解，但只要它一出现，我们就可以更容易地回到我们的信念中去。我第一次了解了她们对我的感觉。我看到了我的哪些行为让她们感到安全，哪些行为让她们感觉茫然。

在一位优秀的家庭顾问的帮助下，我们慢慢地开始重建我们的关系。柯丽还向我展示了我心烦意乱时的样子。我永远不会忘记那时的感觉。也许唯一驱使我经历这一修复过程的，就是我自己。我不停地问自己，是什么让我们觉得自己"终于回家了"。

经过大量的努力，我们已经共同渡过难关。过去的两年，我都在父亲节收到了她们的感谢信，她们感谢我成为他们的父亲，感谢我为成为今天的父亲所做的一切。女儿们会不间断地给我定期反馈，告诉我我们做得如何。她们就是更深层次真实的中心。我很清楚，我永远无法修复我造成的伤害，但我可以选择永远成为我能做到的最好的父亲。当我跌倒的时候，信念总是能抓住我。

我们都有面临最大挑战的时刻。只有看到更深层次的真实，更加全身心地进入信念领域，才能让我们更有活力。这是我从这项工作中得到的礼物之一。

你可能会问，我与女儿们关系的转变，对我作为领导者的表现有何影响？这让我发现，原来那个脾气暴躁的爸爸也是办公室里脾气暴躁的老板。当我在家里进入信念的领域后，我开始看到在办公室出现的同样场景。我有很多很好的借口：我在倒时差、新项目压力过大、我在通过全天候的电子邮件收发与客户谈论经营全球业务的节奏、电话系统故障，等等。更深层次的真实是：我，作为思想领袖和本书的作者，是有选择地进入信念领域的；容易时我就进入，其他时候我则选择对自己视而不见。工作空间的修复过程要少一些，但它同样重要。这些天来，办公室里的工作人员都在说，作为老板的我比以前好相处很多。办公室里开始有了更多的笑声。当我开始犯错时，我的行政助理莉兹（Liz）会走到我的办公室，以"你不舒服，需要暂停一下"的口气问我：“你还好吗？”因为她真的关心我。

我们所有人都在同时进行信念领导。赶上好日子时，我可能会领先你一步，但这并不意味着我不会被绊倒。关键是，我们要迅速站起来，回到信念的领域。正如密歇根大学的鲍勃·奎恩（Bob Quinn）描述的那样，对我们大多数人来说，挑战是一条让我们走出虚伪的道路。当我们看到我们所说和我们所做的巨大差距时，我们会感到痛苦，然后离开舒适区，进入内心寻找勇气，以更坚定的步伐进行信念领导。

我们通过不断监测自己是否缺乏诚信来增强诚信……我们拒绝看到我们的虚伪。然而，看到我们的虚伪是改变的潜在动力。有这么多的痛苦，我们愿意填补我们的诚信差距。然后我们锻炼自己改变的勇气。我们终于离开了自己舒适区，开始了转变的过程。

——罗伯特·奎恩[1]（Robert Quinn）

通过刻意练习[2]掌控信念

安德森·埃里克森（Anders Ericsson）的研究强化了三步模式的优点（三步模式在道夫和我的故事中都出现过）。埃里克森一生都在研究如何区分那些真正掌握某一领域技能的人以及那些不擅长的人。他的发现之一是：大师们的练习与大多数人的做法非常不同。成功的音乐家、运动员和其他专家都进行了埃里克森所说的“刻意练习”。在刻意练习过程中，你会有意识地选

1.译者注：鲍勃（Bob）是罗伯特（Robert）的昵称。
2.译者注：deliberate practice，刻意练习，是安德森·埃里克森创造的短语，强调刻意练习是能力提升的最佳方式。

择走出自己的舒适区，因为你想要实现一些对你来说真正重要的事情。

- 首先，你必须明确你想要练习的行为——例如，道夫想要改变他在会议上的行为，想与女儿们在一起时更加投入。
- 然后建立一个可以获得及时反馈的环境——我和道夫都建立了获得直接反馈的机制。我们的计划可能不如钢琴家那样严格，但它们遵循的原则是相同的。
- 反复练习同一行为／任务或相似行为／任务——带有及时反馈的有规律重复练习，是非常重要的。

埃里克森认为这种练习方式太稀有了。我最欣赏埃里克森研究的地方，是这些行为和活动需要真正的努力与挑战。"伸展"部分在这里很关键。没有伸展，就没有刻意的练习。请注意，我们不是在谈论那些我们擅长或能自然做的事情。我们是要努力专注于一个我们不具备真正能力的领域，并花费大量的时间重复练习直至完全掌控。

在刻意练习中，反馈必须是即时的，这样才能从"有意识无行动"的状态变为"无意识有行动"的状态（这是一种自然的感觉）。一旦我的女儿们习惯于给我反馈，她们会及时打断我："爸爸，冷静"。令人惊讶的是，这么做很管用。我会休息 15 分钟，然后又回到正轨，就如我们希望的那样。

我们必须要清楚的是，刻意练习是费力且不起眼的，而且我们的表现和想要的行为之间的差距会一直存在。

如果我们将埃里克森的研究与安吉拉·达克沃思关于"坚毅"的研究结合起来，我们会发现它们有共同的主题。对那些真正掌控某一领域技能的大师来说，动机是最重要、影响最大的一件事。在所有情况下，那些擅长自己领域技能的人，都有进行艰难刻意练习并坚持足够长时间的动力。最重要的是，天赋并不是决定你能否掌控某一领域技能的因素，坚毅、刻意练习和重复才是关键：

- 持续的动机决定了哪些人能成为真正的大师。
- 在面对困难、负面反馈、大量反馈以及不舒服的练习内容时，持续的动力是必不可少的。

动机、掌控和流动

回顾一下你的个人经历。你是否有过那种持之以恒的动力？与我合作过的大部分领导者以及我自己，都曾对新的冒险、工作、技能等充满兴奋感，但动力的灯泡会慢慢变暗，会随着时间的推移而彻底消失。我们的书架、壁橱和储藏室里，塞满了各式各样早已废弃不用的练习用品。一些人甚至完全改变了职业，因为我们的动机早已减弱。

回顾一下你童年时的神奇时刻，你会发现那时你在做自己最喜爱的事情，或者在面对生活挑战并茁壮成长，与此同时你的激情一直伴随着你左右，那么，我们看到的究竟是什么？信念，是贯穿我们生活的终极动力。

安吉拉·达克沃思也相信这一点，她做了很多关于这方面的研究。"我的主张是，对大多数人来说，信念是一种强有力的动力源泉。可能会有例外，但这些例外的罕见证明了这一规则。"

动机的定义是"特定行动或行为的理由"。你的信念是你的核心本质，是你行动的理由，而这些行动定义了你的身份。信念激励我们将我们的独特礼物带给世界。伊扎克·帕尔曼（Itzhak Perlman）和约书亚·贝尔（Joshua Bell）都是世界级的小提琴家，他们也都是刻意练习的大师。然而，在演奏同一首乐曲时，他们都有着自己独特的风格。那么，你打算在哪个舞台上演奏，你的乐曲又是什么？我们的信念在低语，它是我们最深刻、最纯粹的动机。

你现在可能想，信念领导是不是只会帮助你去做那些困难的事情。不，这不是真的。

当我们进行信念领导时，很多时候我们都会感受到一种"流动"的感觉。这是一种毫不费力、时间飞逝的感觉，因为我们忘情地沉浸在喜悦中。米哈里·契克森米哈赖（Mihaly Csikszentmihalyi）一生都在研究处于"流动"状态的人。研究显示，这是一种积极的体验。我所采访的那些领导者都有着一长串的活动日程，但当他们进行信念领导时，"流动"的感觉就会自然出现。

安吉拉·达克沃思有句话说得非常棒："刻意练习是为了做好准备，流动是为了上场表现。"我们的信念就存在于准备和表现之中，它狠狠地踢着我们的屁股，要我们去奋斗、努力，做好必要的准备工作，用无数小时的努力奉上最后的精彩表现。

有一次，我和尼汀·诺瑞亚（Nitin Nohria）——现在的哈佛商学院院长——一起教授一个高管培训课程。我对他在教学中表现出来的领导能力感到敬畏。他的课程是我经历过的最精彩、最吸引人、最令人满意的 90 分钟。之后，他告诉我："如果他们知道一万小时的练习法，就能让他们的工作看起来十分轻松。"

信念会帮助我们在练习和流动时刻中找到快乐。信念是一切动机之母。

所以，当你更加明确自己的信念时，当你注意到那些对你很重要的事情时，请微笑。要知道，每一个成为大师的人曾经都和你一样，他们的技能并不是天生就拥有的。他们只是在别人停止的时候继续前进。信念不会停止，它会伴随你，引导你一生。你对信念拥有得越多，你就会看到越多的差距，这会促使你离开舒适区，以掌握信念领域。

思考

1. 你觉得，为你此时此刻的信念领导打分，你的真实分数是多少？

2. 什么环境、情况能够帮助你更好地进行信念领导？

　① 在这种环境、情况下，当你全身心投入信念领域时，会对你周围的人产生怎样的影响？

　② 在你的生活中，有谁可以提醒你将独特礼物带给世界？在这种环境、情况下，你要如何将独特礼物带给世界？

3. 你什么时候最能感觉到"流动"状态？

　① 描述这个特定时刻。

　② 要经过多少小时的练习，才能让你体验到这种流动状态？

4. 你的信念让你进入并完全掌控的下一个地方，是哪里？

结语：到达你自己的门前！

有朝一日，

你会心情振奋，

欢迎自己来到

自己门前，进入自己的镜子，

彼此报以微笑，

说：坐这儿。吃吧。

你将再度爱上那曾是你自己的陌生人。

给酒。给面包。把你的心还给

它自己，还给那爱了你一辈子的

陌生人；你忽视了他，

而去注意别人；他深知你。

从书架上取下情书、

照片、绝望的笔记来，

从镜子上剥下你自己的影像。

坐，饱餐你的生命吧。

——《爱复爱》（*Love after Love*）

德里克·沃尔科特（Derek Walcott）

傅浩译

我们一起迎来了冒险的结束。德里克·沃尔科特的诗句完美地总结了信念带来的礼物与挑战。信念是个陌生人，它爱了我们一辈子；但我们一直在忽略它，因为比起自己，我们更重视他人的意见。

我花费一生中的大部分时间试图到达。我试着去一个人应该去的所有地方，希望我能够"目睹"那一刻的到来，并且坐在桌边。

在我职业生涯的大部分时间里，不管事情进行得如何，我的感觉如何，我都需要回答一个问题：我做得如何？在那些时刻，谁授权给我谁就是上帝。他们说的话决定了我的现实。如果他们觉得事情进展顺利，即使项目的其他参与者并不这么认为，一切也都是好的。但是，如果他们真的不喜欢，即使其他所有的反馈都很棒，我也会很难过。

在过去的十年里，一些事情开始发生变化。让我们明确一点：外部世界并没有改变；事实上，它只是更加不可预测和疯狂。

随着我加深与自身信念的联系，我与所有当权者的关系也发生了变化。我还记得5年前在伦敦进行的那个项目，那也是变化开始的地方。在项目结束时，我内心的一些东西平静了下来。我回顾了一下我们完成的工作，意识到自己百分之百遵从着信念的引领。不管其他人的独立评估、专业建议或参与者的反馈如何，我知道我已经百分之百地实现了自身信念。终于，我全身心地"回到家"了，这感觉真是太美妙了。

这个项目比其他所有项目都好吗？并不是。其他项目在这几年里大获成功。实际上，我完成的项目很普通。

有趣的是，当我回顾我的生活时，我发现在伦敦的那一刻并不是第一次发生。如果你与我一起喝杯咖啡并聊一聊，我可以帮助你找到你生命中那些相似的时刻。

挑战在于，当它发生时会出现微妙的转变。我几乎再次错过它。我还记得我坐在空荡荡的教室里，拿着散落在桌上的草稿纸，没有填写评估表格，没有签署参与者名字标签。我开始用笔将我如何感受到自己内心的平静记录下来。我一边写一边问了自己一个所有经历此刻的人都会问的问题：我要留下来吗？直到现在，在我写这篇文章的时候，它才进入我的视野——对，就在我写下这句话时。你看，我实际上已经忘记了在伦敦的那一刻，又一次。德里克·沃尔科特对它的描述要比我的好很多：

把你的心还给它自己，

还给那爱了你一辈子的陌生人；

你忽视了他，而去注意别人；

他深知你。

实际上，只有我才能将"到达"的礼物送给自己。我永远不会获得奥斯卡奖、托尼奖或诺贝尔奖；我不会成为一名引领时代的首席执行官；我不会赢得选举；我不会接受任何外部对"到达"的定义。有趣的是，我和拥有这些东西的人一起工作——他们中的许多人还在等着到达！对许多人来说，它就像是一个球，每当我们要抓住它时，它就会弹到别处去。

那么，你如何知道的呢？你怎么知道你到达了你自己的门前？

总有一天，当你的信念完全体现在你的工作方式中时，你会知道，其他人也都会知道。

到达伴随的不是庆祝的号角，而是更深层次的责任——向信念送给他人的礼物致敬。有时，我比其他人做得更好——是的，每天我都给自己打分。

你的信念一直存在，且将永远存在。

整本书我都在告诉你，我的信念是"叫醒你，让你回家"。这句话是对我信念很好的定义，但是我必须提醒你，这些词句只是钥匙而已。你的信念不会改变，永远也不会改变，但是随着时间的推移，你可能会更改打开信念大门的钥匙。对我来说，下面这组新的信念表达词句来自他人：几年前，一位课程参与者走到我的面前，微笑着对我说："我喜欢你的信念表达，这里有一些词句，我觉得能够更好地抓住你想表达的内容。" 从那时起，我就用这句话来表达我带给这个世界的独特礼物——我的目标。每次我说出这个句子时，真的会止不住微笑起来。

尼克——我是甘道夫，我在敲你的门。

如果你打开门，你会知道关于你是谁的更深层次的真实

这本书，就是我敲响你房门的方式，就像甘道夫在《指环王》一开始时做的那样。当弗罗多·巴金斯打开门时，他就踏上了关于他是谁的更深层次真实的旅程。

所以，我在敲你的门。你的信念将以独一无二的方式引领你。

让我们出发！

现在，你被邀请填写"信念领导自我评估表"。

信念领导自我评估

请再次进行信念领导的自我评估，看看信念领导正在对你产生的影响！

www.coreleader.com/survey

如果你之前做过书中的评估，记得比对一下分数。

如果你有任何问题、评论，或者想要更多关于我们工作的信息，你可以在 www.coreLeader.com 上找到我们。

致　谢

我最需要感谢的是完成这本书的信念。信念使我选择了难做的正确之事，而不是容易的错误之事。我设置了每一个可能的路障，而我的信念并没有退缩。我的信念不停地敲着门，让我写这本书；它一直在门外不肯离去，直到我打开门邀请它进来。实际上，在写这本书的时候，我的感觉比做任何其他事情都要更自在，更感觉"自己在家中"。这很奇怪，因为在过去，写作一直是"必须"，而不是"想要"，现在我却是"爱上了"它。对此，我十分感谢我的信念。

我不擅长写作，这辈子也没怎么写过书。我喜欢写得很好的书，书中的每一页都让你想把它翻一翻，看看另一面是什么。因此，我找到了佩里·麦金托什（Perry McIntosh），她在哈佛商学院出版社工作多年，帮助其他人撰写商业书籍。她的信念是"戳它，看看会发生什么"。我觉得她在我身上完美地表达了她自己的信念。

我要感谢接受我采访的 75 余名朋友，他们在采访中分享了他们的故事，特别感谢那些忍受了我们重复编辑的朋友们，这让我们的故事百分之百准确。对于那些没有出现在书中的朋友来说，如果没有你们，这本书就不会存在。每个人的故事都帮助我们开始看到（用其他方式）不可能看到的东西：基于信念的领导的真正影响。

从提出为本书写前言开始，布芮尼·布朗为这本书带来了惊人的能量。

我们都需要一位仙女教母，而布芮尼是我所想象中最接近那种感觉的人。她第一个阅读了本书初稿，然后又把我介绍给了詹妮弗·鲁道夫·沃尔什（Jennifer Rudolph Walsh），后来詹妮弗成了我的图书代理商。10年前，詹妮弗和我一起做了一个节目，在此过程中她发现了自己的信念。当我们重新联系后，我惊讶地差点儿从椅子上摔下来，詹妮弗的声音穿过电话线，对我说："这个世界会得到它的信念，让我们这样做吧。"

乔迪·斯卡布鲁（Jodi Scarbrough）和汤姆·杜宾斯基（Tom Dubinski）是一个很棒的团队，他们确保我在书中所说都是真的，我们准确地引用了领导者们、作者们说的话以及各种数据。更重要的是，为了获得所有许可，汤姆完成了详细而乏味的任务，这几乎和写这本书一样多！而乔迪是一个神奇的精灵，他让我们所有人都保持正轨并确保数百个细节的正确出现。

我非常感谢斯科特·斯努克成为我们的终极啦啦队员，他坚持与我共同撰写发表在《哈佛商业评论》上的文章《从信念到影响》（*From Purpose to Impact*）。这篇文章让我意识到还有多少事情要在书中揭晓。我多次试图说服斯科特，让他与我合著这本书，但他拒绝了。他很聪明，强迫我独自完成这本书，因为他知道我需要找到自己的完整声音。谢谢你，斯科特，谢谢你一如既往地踢我的屁股。

比尔·乔治，我们已经共事十多年了，他是真实性这一章的中心人物。多年来，我们的共事以及他对我的信任，让一切发生了巨大变化。如果没有我们的合作，没有比尔的支持，这本书就不会存在，他让我可以更充分地从我的信念出发，更深入地表达了我的真实领导能力。

在过去的10年里，我十分幸运有卡罗尔·考夫曼（Carol Kauffman）作为我的"试击"搭档，他帮助我改进了对高级领导者们的指导方式，让他们在逆境中也能寻找到他们的信念。我们多年的共同努力教会了我：更深层次的真实总是会在那里，等着被我们发现。

有时你需要一个督促你的人。戴娜·伯恩"强迫"我和她一起写了一篇关于组织信念的学术论文。在关于组织信念章节中，很多主题都是在她的坚持下出现的，我则分享了自己在许多冒险中学到的如何让组织信念真正实现的内容。

戴娜以及勇气学专家迪娜·波佐（Dina Pozzo）和大卫·霍普利（David Hopley）对我理解信念与勇气之间的深层联系至关重要。迪娜，你的鼓励促使我去发现我尚未看到的东西，并把它做好！

没有人比艾米·阿维贡（Amy Avergun）更清楚我们所经历的揭示信念秘密的旅程，她和我共同设计了许多培训项目。当艾米说："好主意，尼克；你认为人们真正想要做的是什么？"，我知道突破已经不远了。更深层次的真实会以多种形式出现，而艾米在大多数情况下都能指出方向。

使这本书成为可能的另一个巨大贡献者是乔纳森·唐纳（Jonathan Donner）。乔纳森为联合利华的 1500 名领导者主持了一个为期 6 年的领导力发展计划。正是乔纳森的勇气和洞察力使我们把这项工作带入了联合利华。实际上，乔纳森亲身经历了大部分的培训项目，并且在每个项目结束后将我的教学水平提升到了一个新的层次。乔纳森的目的是"为我关心的人解决问题"，他的"原因"如下：

我一直在努力向事物的另一面推进……也许解决方案都是对此的缩写。我从来不会舒服地坐在问题的另一边。我将信念视为帆船上的龙骨，它既能防止船倾覆，又能让船移动得更快。没有它你就会滑倒。它会给你一个基础框架……以及真正的方向。

我得到了乔纳森的礼物，这使我成为一个更好的人。他还提出了一个想法，让学友们重返我们的领导力培训项目，作为活生生的信念影响案例发挥他们的作用。他们的贡献，加上酒吧里的美食饮料，成为我们对信念真正影响力的最佳来源。对于所有分享了故事的人，我非常感激。

多年来，我和我的多人团队一起工作，他们经常让我退一步，思考我在纸上写的内容。凯文·史密斯（Kevin Smith）、阿尔弗·基奥（Alph Keogh）和约翰·哈斯克尔（John Haskell）已经与我相识超过 15 年，他们的每一条评论或建议都很有用，并最终成为书页上更深层次的真实。

吉恩·卡巴钦（Jean Capachin）提出了最精彩的反馈和见解，虽然他并没有做过这方面的工作，但他认识我很多年了。他的善良和直率是给我的最好的礼物，对此我十分感谢。

感谢毛罗·迪普雷塔（Mauro DiPreta），感谢你作为编辑给予的神奇帮助。许多人都说最好的编辑都离开了，但我要在这里告诉你们，至少还有一个留了下来。我最大的愿望之一就是能够和一位一流的编辑合作，我实现了我的愿望，而你，亲爱的读者，则享受到了其中的好处。

妈妈，你是那个把我带到这个世界的人，是最后一个阅读和见证这本书的人。在印刷厂工作了 35 年，你对页面上的所有内容都有着敏锐的眼光，并把你的独特添加到了我的书中。

特别感谢我的两个女儿：蕾妮和柯丽，我将她们拖入到了这场冒险中多年，她们仍然爱着她们的父亲。还要感谢珍妮（Jeanne），她是任何作家都希望拥有的最完美的伴侣。如果她没有出现在我的生活中，我就没有安全空间来写这本书。

最后，给最重要的人：你！因为你阅读了这本书，并且读到了致谢的最后部分，这意味着你很享受这段旅程。让我们为你干杯。